①ビーコンヒル

ボストンきっての高級住宅地、歴史地区。約１万人が2.6㎢に住む。ヒルの頂上に君臨するのが、州議会議事堂《ステートハウス》（A）である。ドームは新島襄の留学当時は、市内のどこからでも眺められた。すぐ傍には、新島が引き取られたA・ハーディーの旧宅（B）がある。左端の緑地帯は、全米で初の公園、ボストン・コモンである（http://img2.blogs.yahoo.co.jp）。

②旧ハーディー邸（ジョイ通り４）

ビーコンヒルのジョイ通り西側に並び立つ４階建（地下一階）の連棟住宅。通りの東側は、ステート・ハウス。中央左寄りの玄関（ドア）の家が「２」（２番戸）、その右隣りが「３」。ハーディー家は「４」であった。右端の「５」は、1876年創立のＡＭＣ (Appalachian Mountain Club) が、1922年以来、活動拠点とする。近年は「４」も、この団体が事務所としているため、非公開。ただし、４階の図書室は、利用できる場合がある。司書・学芸員（Becky Fullerton）によると、「４」は大幅な模様替えのため、内装は新島当時の面影はないという。

③ボストンの州議会議事堂《ステートハウス》（ビーコン通り24）

ビーコンヒルで最古の建物（1798年築）。設計は、有名な建築家、C・ブルフィンチで、ドームがトレードマーク。当初の木材、ついで銅に代えて、金箔が1874年に張られた。この年10月15日に新島襄は、ボストンから帰国の途についている。近隣に住むA・ハーディーは、1861年に州議会議員（上院）に当選し、ここで１期務めた。熱心な共和党員で、南北戦争では北軍を支援した。

ビーコン通りを挟んで向かいには公園（ボストン・コモン）が広がる。州議会議事堂は、このコモンから始まる「フリーダム・トレイル」（自由の径《みち》）の２番目のポイントである。

④ビルの谷間に埋没する旧「海員ホーム」(パーチェス通り99)

1980年代のボストン中心部(ダウンタウン)。新島が宿泊した元海員ホーム(A)は、いまも某社の事務所として健在である。州議会議事堂(B)の傍には、海員ホーム(The Sailor's Home)の経営団体(ボストン海員の友協会)の第4代会長、A・ハーディーの旧居がある。ボストン・ティー・パーティー事件(1773年)の現場(C)は、現在、ホテル(Intercontinental Boston)である(*Boston Guide Book*, p.20、日本テレビ、1983年)。

⑤最近の旧海員ホーム（手前５階建）

⑥A・バートレット船長（新島旧蔵）

上はすっかり改装された現在の旧海員ホーム（本書141頁参照）。下はマサチュセッツ州プリマス出身の船長。引退後、ボストン海員の友協会「宣教師」となり、協会経営の「海員ホーム」で、新島の入国を手助けした。新島の「祈祷文」も、その傍証となる（本書131,142頁を参照）。

⑦コングリゲーショナル・ハウス（ビーコン通り14）

アメリカン・ボード（理事長はA・ハーディー）を始め、会衆派（コングリゲーショナル）系プロテスタントの諸団体が、事務所を置いたビル。この教派が、ボストンを拠点としたことを象徴する（本書10頁以下を参照）。建物の背後は、建国時代の英雄たちが眠るグラナリー墓地で、「フリーダム・トレイル」の第4ポイントにあたる。

⑧A・ハーディーの肖像画

⑨新島襄がハーディーに贈った壷（左が表、右が裏）

いずれもA・ハーディーの子孫（Charles Hardy Ⅲ）が所蔵する。近年、礒英夫氏により確認された。壺は一対の真鍮《しんちゅう》製品で、表は人物、裏は花（竹と梅）の模様が彫られている（『新島研究』102、口絵頁、2011年2月）。

⑩アンドーヴァー神学校旧キャンパス（今はフィリップス・アカデミー）のラビット・ポンド（池）。

冬は格好のスケートリンクとなる。新島も「鉄の靴」をはいてスケートを楽しんだことであろう。

⑪アメリカン・ボード100年碑（Missionary Boulder、Rabbit Rock）

池の傍に1910年に立てられた「ラビット・ロック」（http://heritage.noblenet.org）。近辺は、かつて「ミッショナリィの森」として知られた。アメリカン・ボード創立以後の100年間に、この神学校から248人もの宣教師が輩出した。新島襄もそのひとりである。

正面のタブレットは、ここを散策しながら、海外伝道の夢を語り合った７名の神学生の名を刻む。彼らの祈りが、1810年にアメリカン・ボードを生み出した。７名中、S・J・ミルズとJ・リチャーズは、ウィリアムズ大学の「ヘイスタック・モニュメント」（拙著『魂の指定席』口絵①）にも名前が刻まれている（上の写真は *Phillips Academy Andover*, p.112, Princeton Architecture Press, 2000）。

ビーコンヒルの小径

新島襄を語る(八)

本井康博著

口絵

目次　2

はじめに　4
ビーコンヒルの小径《こみち》──新島襄と「会衆派ワールド」──　8
コラム①　人種解放運動の拠点（ビーコンヒル）　22
アメリカン・ボード二百年──同志社とミッション──　23
コラム②　タバナックル教会（マサチュセッツ州セイラム市）　41
同志社の宣教師たち──初期の七人をめぐって──　42
新島襄のことば（1）「美徳を以《もっ》て飾りと為《な》す」　62
牧師としての新島襄──アメリカン・ボードと同志社教会──　64
W・T・セイヴォリー船長──新島襄を助けた三人の船長（一）──　79
H・S・テイラー船長──新島襄を助けた三人の船長（二）──　107
コラム③　H・S・テイラー船長の墓　124
A・バートレット船長──新島襄を助けた三人の船長（三）──　125
コラム④　歴代の海員ホーム　141
新島襄のことば（2）〝O God!〟（最初の祈祷文）　142

W・S・クラークと新島襄――二足のワラジを履《は》いた人―― 144
　新島襄のことば（3）「真之《の》自由教会ト自由教育を得セしめよ」 166
札幌農学校と同志社――リベラル・アーツ教育のパイオニア―― 168
　新島襄のことば（4）「我が大学の空気は自由なり」 197
新島記念館からクラーク記念館へ――B・S・クラークの忘れ形見―― 198
　コラム⑤　クラーク記念館の「クラーク」 218
アーモストとウィリアムズ――宿命のライバル姉妹校《カレッジ》―― 219
イェールと同志社――N・ポーター学長と新島襄―― 235
同志社カレッジソング百年――新島襄とW・M・ヴォーリズ―― 259
　新島襄のことば（5）「武士の思ひ立田の山紅葉」 278
おわりに 280
索　引 i

はじめに

ボストンは、「アメリカの京都」です。アメリカを代表する古都として、京都と姉妹都市です。協定が結ばれたのは、半世紀前の一九五九年。元同志社総長の湯浅八郎が、縁結びというか、橋渡しの役を演じました。

二都の歴史的伝統を考えると、実にお似合いのカップルですね。それを引き出したのは同志社の歴史、のような気がします。なぜって、同志社とボストンとの縁《えにし》は、同志社の初代社長（総長）、新島襄以来の繋がりですから。新島といい、湯浅といい、奇しくも群馬県人です、いや国際人です。

新島が、鎖国日本から密出国して、留学生活を送ったのが、ボストンを拠点としたマサチュセッツ州です。帰りはボストンから横浜へ、です。最終的に定住したのが京都、というのも、なにやら「赤い糸」めいていていて、暗示的です。

もう少しズームインしますと、「ビーコンヒル」（Beaconhill）から京都へ、という流れです。以来、同志社にとって、「ビーコンヒル」は一種のパワースポットになりました。

かつてアメリカ社会をリードしたのは、「ワスプ」（WASP）と呼ばれる人たちでした。「W」は白人（White）、「AS」はイギリス系（Angro-Saxon）人種、そして「P」はプロテスタント教徒

(Protestant) を意味します。要するにアメリカの支配者層《エリート》です。

彼らのテリトリーが、ボストン、それも「ビーコンヒル」と呼ばれる地域でした。今風に言えば、さしずめ「ヒルズ族」です。「アメリカの歴史は、ボストンから始まる」と言われるだけに、彼らの働きは無視できません。

新島のパトロン（養父）となったA・ハーディーは、まさにその典型です。しかも、プロテスタントの中でも、ボストンで支配的な会衆派（Congregationalism）の篤実な信徒でした。だから、「ビーコンヒル」は新島にとっては、アメリカにおける「会衆派ワールド」の焦点《センター》であるばかりか、実家のある「ホームタウン」にもなりました。

ここに根拠を構えるミッションがあります。アメリカン・ボード（会衆派）です。この事実は、この地域が「会衆派ワールド」であることを示す象徴です。奇しくも、その理事長がハーディーなのです。大勢の宣教師が、ここから日本に、だから同志社にも派遣されました。新島もまた、宣教師に任命されての帰国でした。

ボストンのガイドブックや写真集にとっても、「ビーコンヒル」は、欠かせない観光スポットです。世界遺産でこそありませんが、石畳の道端に佇《たたず》むガス灯と、道の両側に並ぶレンガ建住宅とのコラボは、一見に値するだけの風情《ふぜい》があります。

丘《ヒル》の頂点に聳《そび》えるのが、「ステート・ハウス」（マサチュセッツ州議会議事堂）です。丘の建物としては最古で、ランドマークとしても「京都タワー」と好一対《いっつい》です。

新島を家族の一員のように受け入れたハーディー家は、ジョイ通り四番戸（4 Joy St.）にあります。ステート・ハウスのすぐ「お隣り」です。アメリカの歴史よろしく、新島の後半生もここが起点になりました。

函館を船出した新島が、十五か月をかけて、ようやく「ビーコンヒル」のハーディー家に迎えられたのは、一八六五年十月十四日のことです。それからちょうど九年後。一八七四年十月十五日に彼は、ここから日本へ帰国いたします。一年間のヨーロッパ体験を除けば、アメリカ留学は八年にもおよびました。

なんとも恵まれた留学でした。「ヒルズ族」扱いですから。そう言えば、私の訪米もかなり偏《かたよ》っていて、ヒルズ気取りです。これまでの八回の渡米（うち三回は、「新島足跡ツア」ガイドでした）では、すべてボストン、それもジョイ通りをカバーしました。その反面、ニューヨーク市には一回も行ったことがありません。気分はいつも「ボストニアン」。「ニューヨーカー」とは、ほど遠い旅行客です。

リッチなグルメ旅行やショッピング・ツアとも、およそかけ離れています。訪米すると、毎回必ず、「ビーコンヒル」を散策します。若き新島が吸った空気を私も体内にできるだけ吸収しておきたいからです。私なりのささやかな、しかし贅沢《リッチ》な旅の楽しみ方です。これだけでも、模範的な京都市民ですね。そればかりか、新島の忠実な「追っかけ」である証《あかし》にもなりそうです。

まずは本書の主眼も、「追っかけ」の使命《ミッション》として、「新島襄を語る」ことにあります。ですが、今回は新島ゆかりのボストンを語ることも、ポイントに加えます。

なるべく、複眼で捉えた新島像を提示したいと思います。そのためには、ボストンは、もってこいの展望台です。これまで再三再四、指摘してきたように、彼は当地で、「日本最初の自由独立人」（木村毅《き》）となりました。

リベラリストの新島は、時にこう言われます。アメリカで「新島は人間を発見し、日常生活を発見し、もっと具体的にクリスチャン・ホームを発見し、教会を発見し、学校を発見し、市民を発見し、市民社会を発見し、政治参加する国民を発見した」と（伊藤彌彦『明治思想史の一断面』八九頁、晃洋書房、二〇一〇年）。

まさかの幽体離脱気分で、皆さまも、アメリカの古都（ビーコンヒル）に身を置いてみてください。そこから「日本のボストン」（京都）や同志社、新島襄を眺めると、別の風景や側面が見えてきます。新知見、新発見をお楽しみいただけるもの、と確信いたします。

二〇一一年三月一二日

本井康博

ビーコンヒルの小径《こみち》
――新島襄と「会衆派ワールド」――

「フリーダム・トレイル」

ボストンには、赤いラインが引かれた道路が走っています。約四キロ、くねくねと都心を這《は》っています。え、何のために。実は、ナビなんです。

これに沿って歩くと、楽々と名所旧跡めぐりができる、という優れものです。このラインは、「フリーダム・トレイル」(Freedom Trail) と呼ばれています。日本語で言えば、さしずめ「自由の径《みち》」ですね。

スタートはボストン・コモンと呼ばれる公園です。アメリカ最古の公園です。この公園の北側をビーコン通りが東西に走っています。通りを隔てて、大きな金色のドームが、聳《そび》えています。州議会議事堂 (State House) です (本書口絵③)。

このあたり一帯は、「ビーコンヒル」と呼ばれる高級住宅街です。アメリカでは珍しいヨーロッパ風の古い街並みが、楽しめます。もちろん風致地区です (本書口絵①)。

議事堂のすぐ西側の通り (ジョイ通り) には、レンガ造りの古めかしい邸宅が並んでいます。そのうちの四番戸 (4 Joy Street) が、かつてハーディー家が住んだ邸宅です。新島襄の「アメリカの父」

の自宅です（本書口絵②）。ビーコンヒルは、新島にはアメリカ生活の拠点です、原点です。

アメリカ留学の成果

ご存じのように、ボストンと京都は現在、姉妹都市です。で、ビーコンヒルは、京都で言えば、さしずめ京都御苑西の京都府庁あたり、でしょうね。府庁の北には、かつて両替商などが軒を連ねていたという「長者町通り《ちょうじゃまち》」という地名が、今も残っております。いわば京都のビーコン通りです。今なら洛北下鴨《しもがも》の通称「金持ち通り」でしょうね。

新島は、幸いなことにボストン有数のセレブの家庭に迎え入れられました。その結果、通算八年ものあいだ、ニューイングランドで留学生活をエンジョイできたのです。

と言うことで、まずは、ボストンという風土、これが新島の人格と思想の形成に決定的な感化を及ぼした点に注目したいですね。

いったい、新島がニューイングランドで身につけたものは何か。信仰と学識は別です。それ以外となると、「自由感覚」でしょうか。たとえば彼は、アメリカで、「日本最初の自由独立人」になった、と称せられます（木村毅《き》『早稲田外史』二二九頁、講談社、一九六四年）。とすれば、日本人リベラリスト第一号です。

「会衆派ワールド」

その背景としては、かの地の宗教的な風土を見落としてはなりません。ボストン周辺は、いわゆる「会衆派」（Congregationalism）と呼ばれるプロテスタント教派が、全米で最初に定着した所です。したがって、会衆派が、もっとも支配的な地域でした。時には、同派の「牙城」、いや、「巣窟」と揶《や》揄《ゆ》されたくらいです。

その結果、ニューイングランドは、フィラデルフィアと並んで、アメリカ市民社会における「自由の発祥地」としばしば言われます。結論だけを言いますと、実は自由の発展と会衆派とは、歴史的に見て、密接な関係があります。

で、新島が強く感化を受けた世界を、私は「会衆派ワールド」と呼びたいのです。自由人・新島を作ったのは、会衆派ですから。そして、彼の生活の面倒を見てくれたA・ハーディーは、この世界の典型的な住民でした。

コングリゲーショナル・ハウス

ニューイングランドが「会衆派ワールド」であることを象徴的に示しているのが「コングリゲーショナル・ハウス」（いわば会衆派会館）です。ボストンのビーコン通りにあります（本書口絵⑦）。

新島が後半生に支援を受けたミッション（アメリカン・ボード）もここに本拠を構えていました。ただし、新島の留学中（一八六五〜一八七四年）は、ビーコンヒル（ペンバートン広場）に事務所がありました。一八七三年にサマセット通り十四番地に移転し、さらに新島死後の一八九八年に現在地（ビーコン通り十四番地）に新築されたコングリゲーショナル・ハウスに入居しました。

現在、二階が「コングリゲーショナル図書室」になっています。閲覧室の片隅には、E・パーク教授（アンドーヴァー神学校）と、ハーディー（アメリカン・ボードの理事長でした）の大理石胸像が飾ってあります。

「会衆派ワールド」の移植と拡大

「会衆派ワールド」が、自由の誕生に産婆さんのような役割を果たしたことは、新島も承知していました。彼の認識は、こうです。維新後の日本人にとって、自由というものは、「輸入物」に過ぎない。なぜなら、もともと「自由ハ、古来英米ノ信徒カ、熱血ヲソソキ、買イ得タル」ものだから、です（『新島襄全集』二、五〇九頁、傍点は原文通り、同朋舎、一九八三年。以下、②五〇九）。

「英米ノ信徒」の中でも、ピューリタン（とりわけピリグリム）渡米以来の伝統がもっとも濃厚なのが、ニューイングランドです。この点に関しても、新島の理解は正確です。

「自由ノ依《よっ》テ来《きた》ル所ヲ論スレハ、――英ノピューリタン教徒カ英政府ノ圧制ノ下ニ苦ミ、ピルグレム〔the Pilgrims〕祖先カ、米国海岸ニ雪風膚《はだ》ニサスノ困難中ニ養成、培養シ来リ、New England ノソイル〔soil〕ニ発達シテ、北米大陸ヲ横行シ、太平洋海岸ヨリ波及シテ、日本ニ伝来セシ」と（②五二四。〔　〕は本井、以下同）。

こうした考えのもとに新島は、ニューイングランドの「ソイル」（土壌）に育《はぐく》まれた自由を、日本に移植、再生、そして拡大することに努めました。

「会衆派ワールド」への第一歩

新島がこの「会衆派ワールド」に本格的に足を踏み入れたのは、いつのことか。もちろんボストン上陸後です。ですが、その第一歩は、東アジアです。上海です。え、どうしてって。上海でワイルド・ローヴァー号に拾われたのが、始まりです。新島にとって同船は、「会衆派ワールド」への入り口になりました。

H・S・テイラー船長により、同船に乗せてもらえたことが、まず幸運の始まりです。ついで、ボストンで船主（オーナー）のA・ハーディーと邂逅《かいこう》する、というさらに大きな幸運が続きます。ビーコンヒルに邸宅を構えるハーディーが、新島の「アメリカの父」になってくれたこと、これが新島の後半生を決定づけます。

その意味で、上海でワイルド・ローヴァー号を斡旋してくれたW・T・セイヴォリー船長（ベルリン号）も、忘れられません。さらに、ボストン入港後に同地のバートレット船長（後述）が、新島の入国に大いに尽力してくれたことも、です。この点は、最近になって消息が分かってきました。

新島は、船長だけでもこれら三人から義侠的というか、犠牲的なサポートを受けました。密出国、渡米、そして入国という異なるステージで、新島は不思議にも三人の船長に恵まれました。彼らのうち、どのひとりを欠いても、新島はビーコンヒルに来ることはできませんでした。

密出国した動機

そもそも新島が、国禁を犯してまで、外国へ行きたかったのは、なぜか。主たる動機は、自由への憧れと確保でした。青年期に「自由に対する新鮮な考え方に満たされた」ので、「自由を得たい強い欲望」に駆られた、と自身、告白しています（⑩三六）。

要するに、「篭《かご》の鳥」、「袋のネズミ」（⑩一四）から抜け出すための「家出」です（⑩三四）。こうした自由への脱出、あるいは自由への憧憬《あこがれ》は、旧約聖書の言葉を借りると、「エクソダス」です。

イスラエルの人々が、「奴隷の家」であるエジプトから様々な苦労をして、ようやく抜け出したように、新島も息苦しい江戸の安中《あんなか》藩邸や封建社会そのものから脱出しました。その結果、大変な苦労のすえ、「乳と蜜《みつ》の流れる地」（ボストン）へ流れ着くことができたのでした。

ニューイングランド体験

それにしても、新島はよくもまあ、ボストンに到着できたものです。本人が最初からそこを目指したわけじゃありません。上海で乗せてもらった船が、たまたまボストンのハーディー商会が保有する船だったからです。

ボストンが、会衆派信徒の集中する地域であったことは、新島にはなんとも幸いなことでした。同派は、数多いプロテスタント教派の中でも、もっとも自由な教義と雰囲気に満たされているからです。つまり、こうです。自由というものに憧れて密出国した新島は、アメリカでも、もっとも自由の伝統が濃厚なボストン、それもビーコンヒルに迎え入れられたのです。なんという幸運でしょうか。

民主主義の原点

新島の同僚、J・D・デイヴィスは、これに関して次のように発言しています。

「新島は米国に滞在中に、自由の価値について非常に深い感銘を受けた人であった。日本には自由が必要である、しかも、自由はキリストの諸教会のように、強い道徳的確信の持ち主の影響のもとにある制度の中で、徐々に来るときにこそ、最も安全に来るのであると彼は感じていた」（J・D・デイヴィス著・北垣宗治訳『新島襄の生涯』一二五頁、傍点は本井、同志社大学出版部、一九九二年）。

見られるように、自由は教会、それも会衆派の力に依るところが大きい、という認識です。新島自身も、会衆派教会は、「米国共和」（アメリカの民主主義）の「基原」である、と断定しております（②五二六）。

デモクラシーの原点、とまで言われたボストンの風土の中で新島自身は、民主主義者へと進化します。自身、それを誇りにします。「私は民主政治の愛好者です」（I am a lover of democracy.）と宣言します（⑥三六六）。さらに、「自由こそわが生けるモットー」（Freedom is my living motto.）とも、断言しております。

「養父」の庇護《ひご》を受けて

こうした思想的な成長をするうえで、「養父」とも言うべきハーディーの影響は、計り知れないほど大きかったはずです。新島にとっては、「会衆派ワールド」は、取りもなおさず「ハーディー・ワールド」でしたから。

そこでまずは、ハーディーの信仰です。篤信の会衆派信徒（Congregationalist）です。そればかりか、ボストン有数の同派の教会（Old South Church）における有力な会員、役員でした。学歴は、中退とは言え会衆派の名門高校（Phillips Academy）です。新島だけでなく、子ども（男四人）はすべて同校で学んでいます。

新島が通った教会（アンドーヴァーのオールド・サウス教会）や洗礼を受けた教会（アンドーヴァー神学校教会）も、もちろん会衆派です。さらに、高校から進学した大学（Amherst College）や大学院（Andover Theological Seminary）も、会衆派の名門校です。

このように、新島はニューイングランドで八年にもわたって、実に恵まれた、しかもリベラルな待遇と教育を受けます。その結果、彼はついには「自由の愛好者」（*a freedom-loving fellow*）を名乗るまでに至ります（⑥三四八）。これまた、きわめて自然ですね。

ハーディーの子となる

新島の幸運は、以上で終わりません。帰国する段になって、またまた最後の幸運に恵まれます。宣教師に任命される、という幸運です。これで、定年までは、食うに困らないだけの給与は、保障されたわけです。

任命したミッションは、「アメリカン・ボード」と言い、会衆派の人たちが立ち上げたアメリカ最古のものです。時の理事長が、これまたスゴイ。なんとハーディーなんです。

ミッションの本部（事務局）はビーコン通りのコングリゲーショナル・ハウスにあります。もともと新島時代には、別の所にあったのですが、その後、ハーディーの自宅と職場（会社）のほぼ中間に移転されます。要するに、「ハーディー・ワールド」の圏内です。

帰国後の新島や、さらには日本伝道を経済的に支えたのは、このミッション、つまりはハーディーの力が大きかったのです。ハーディーは新島が言うように「アメリカの父」であるばかりか、「日本ミッションの父」でもありました（⑥三一六）。新島は後年、「予ハ多年、同志社ノ仕事ヲ為《な》スニハ、ハルデー氏ニ頼ム」と述懐しております（②二八一）。

とりわけ、新島は帰国時には、名前の上では、ハーディーの息子（Joseph Hardy Neesima）を名乗り始めます。ハーディー父子は、どこまでも一心同体でした。

ビーコンヒルの小径

この親子が、ボストンで住んだのが、ビーコンヒルです。屋敷の周辺を走る径は、あの「自由の径」（フリーダム・トレイル）の近くです。地理的ばかりか、内容的、精神的にも、両者はまさに一体です。

その証拠に、ビーコンヒルは、いわゆるＷＡＳＰ《ワスプ》（白人のエリート層）の居住地帯であるばかりか、歴史的にはボストン有数の人種差別反対運動の拠点でもありました。

今でも「アフロ・アメリカン歴史博物館」といった施設が、ハーディー家のすぐそばに立地していることが、その証拠です。だから、「フリーダム・トレイル」の向こうを張って、「ブラック・ヘリテイジ・トレイル」（Black Heritage Trail）と呼ばれる、この方面の視察ルートが、ちゃんと設けられているほどです（本書二二頁参照）。

こうして見ると、ビーコンヒルの小径は、新島を通じて、はるか日本、とりわけ京都にも通じている、と言えるでしょうね。

在野の自由人

そこで次に見たいのは、新島の帰国です。「会衆派ワールド」から日本へ戻る時には、彼は立派に「自由之《の》全身に充満したる」会衆派の信徒に成長していました。自由を求めて出国した青年は、筋金入りの自由主義者に進化して帰国いたします。「自由命《いのち》」を信条とする、立派な会衆主義者です。

その兆候は、もちろん、留学生の頃に芽生えています。代表的な事例は、例の岩倉使節団との交渉です。文部理事官の田中不二麿《ふじまろ》が、「自由な日本市民（a citizen）」であることを自分に対して保障してくれない限り、新島は使節団に協力する気持ちは、ありませんでした。

駐米公使（少弁務使）の森有礼《ありのり》から国費留学生扱いの申し出があった時の対応も、そうです。政府から留学費用を支給されると、「政府の奴隷」になる恐れが生じる、と判断して、新島はこれを拒否します。あくまでも私費留学を貫く道を選択しました。「根っからの自由の愛好者」（I am too great an admirer of freedom.）だったからです（⑥三五四）。

すべては自由から

帰国後の新島の起点が、ここにあります。新島の場合、すべては「自由」から始まります。日本近代化のモデルは、「自由主義」的な教育（学校）と教会しだいだ、と確信します。

「予ハ望ム。我カ輩ノ自由主義は、我カ国一般ノ自由ヲ存シ、自治ノ精神ヲ養フ泉トナルヘキ事ヲ」（②五〇九、傍点は原文通り）。

具体的に言えば、学校教育の面では、いわゆる「リベラル・アーツ教育」によって、リベラリスト（自由人）を育成することが、狙いです。それには、知育だけじゃなくて、徳育（心育）をも合わせ持つ教育、すなわち知徳併行教育の実践です。

一方、伝道の面では、「小生ハ此《この》自由主義ノ教会ヲ日本全国ニ設立致し度《たく》候」と表明します（④三〇八）。新島にとって、もっとも自由主義的な教派、それが会衆派（日本では組合教会を名乗ります）にほかなりません。

自由教育・自治教会を両者併行させる

こうしたポリシーに立つ新島が、最晩年に取り組んだのが、同志社大学設立運動と教会合同運動です。彼は、一方で教育者、他方で宗教家という「二足のワラジ」を履《は》きました。だから、教育と伝道という二方面が、彼本来の活動領域なのです。

その際、彼が生涯のモットーとしたのが、「自由教育、自治教会、両者併行、国家万歳」という文言でした（④二四六、三二一）。教育の面では、「自由教育」、宗教の面では「自治教会」。これら両者を車の両輪のように並行して前進させる、それが日本近代化のカギになる、という信念です。

「自由」と「自治」の両立です。一方では、「小生之《の》固執来候《きたりそうろう》主義ハ、御存之通、自由宗教ト自由教育ニ有之候也《これありそうろうなり》」とも言い換えております（④一六三）。時には、「自治教会」に代えて「自由教会」とも言っております。だから、あえて一語に統一すれば、「自由」こそが、キーワードになります。つまり、「真之自由教会ト自由教育を得セしめよ。此《この》二件ハ、車之両輪あるか如く、是非《ぜひ》トモナカラネハナラサル者」となります（④六七、傍点は原文通り。本書一六六頁参照）。

教会合同運動に反対したのも

教育と教会のうち、「自由教育」、これは比較的、理解しやすいです。ですが、「自由教会」の方は、なかなか理解が困難です。とりわけ信徒以外の方には、です。

たとえば、新島が従事した教会合同運動です。これが、なかなか分かり辛い。新島はこの運動に慎重、あるいは批判的でしたので、後に辛辣《しんらつ》な非難を受けます。「新島先生ともあろう方が、なぜ反対」というわけです。この点は、新島を理解する上で「躓《つまず》きの石」になりかねません。

この運動は、一八八〇年代に起きたもので、長老派（日本では一致教会）と会衆派（組合教会）という日本を代表する二大プロテスタント教派が、相互に合同を目指した運動（教派合同運動です）です。両派の主な指導者は、新島の教え子たちを含めて大半が推進派でした。

それに対して、新島が慎重派、あるいは反対派に回ったのは、なぜか。自由観のためです。結論だけを言いますと、会衆派の原則である自由や自治が、合同により失われてしまう、という危機感です。

自由を安売りしない

こうした見解や姿勢に、新島という人の特色が鮮明に出ております。その点では、これは「躓きの石」ではなく、新島を理解するための願ってもない「導きの糸」と考えるべきなんです。

新島が反対した理由の基礎には、「我カ自治、自由ヲ捨テ、」まで（③七二二）、あるいは「我カ自由ヲ大安売《やすうり》」してまで、合同すべきではない、という判断があります（④六一）。ここから時には、新島に不釣り合いな、と思われるほどの過激な発言も飛び出します。

「真ニ自由ノ貴キヲ知ラサルモノ」は、「非常ノ馬鹿モノ」だ（③四八七）。

「売り言葉に買い言葉」とばかり、推進派は新島の挑発に乗って、同様の過激な反論を新島に投げ返す。これでは不毛の論争が続くだけです。

自由と心中する覚悟

私たちは、新島の発言を通して、留学で培った自由主義の確固たる姿勢が、ここにも貫徹していることを見抜くべきです。彼は、最後まで自由と心中する覚悟だったのです。

それほど、彼は自由の有り難味を肌身で体得していました。当時の日本人、いや信徒の中でも、大変珍しい存在でした。その意味で、新島襄はたしかに、骨の髄《ずい》から会衆主義者でした。

彼の歩む道は、ビーコンヒルに始まる「フリーダム・トレイル」から決して逸《そ》れません。足を踏み外すことなく、ひたすら自由という大きな目標に向かって、一直線に歩む人生でした。そこから、これは、彼が若い頃に会得《えとく》した「会衆派ワールド」での貴重な遺産です。

（二〇一〇年六月九日）

人種解放運動の拠点（ビーコンヒル）

ビーコンヒル、とりわけハーディー宅のあるジョイ通りは、かつてはアフリカ系アメリカ人コミュニティのセンターでもあった。南北戦争では、アフリカ系アメリカ人から構成されたマサチュセッツ第五十四連隊の入隊式（1863年）が、ジョイ通りのアフリカン・ミーティング・ハウスで行なわれた。そこは、1806年に建築されたアメリカ最古のアフリカ系アメリカ人の教会である（現在は、博物館）。

人種解放運動の拠点であったこの地の歴史を辿るコースが、用意されている。「フリーダム・トレイル」に対して、「ブラック・ヘリテイジ・トレイル」と呼ばれる。（上）はジョイ通りにあるその標識。（下）は、州議会議事堂前に立つ第五十四連隊の顕彰碑。

アメリカン・ボード二百年
——同志社とミッション——

アメリカ最古のミッション

今年（二〇一〇年）は、アメリカン・ボード創立二百年、という記念の年です。このミッションは、略称ではＡＢＣＦＭと言います。主として会衆派（Congregationalism）の牧師や信徒が、マサチュセッツ州で立ち上げたアメリカ最古のミッションです。モデルはイギリスにあるロンドン宣教協会（London Missionary Society）です。

一九六一年にいたって他教派のミッションと合同し、さらにその後も、統合を重ねました。現在は、単独の組織としては存在していません。だから、私たちが日常的に見たり、聞いたりすることはありません。

それだけに、今では縁遠い存在です。ですが、新島襄や同志社にとっては、絶対に風化させてはいけない団体です。大恩人ですから。

ミッション・スクール

というのも、新島自身がこのミッションの宣教師（正確に言うと、準宣教師）なんです。アメリカン・ボードの宣教師が、京都に立ち上げた学校が同志社、と言うわけなんです。

もちろん、新島より先に神戸や大阪に赴任していた先輩宣教師の協力と支援は、不可欠でした。とりわけＪ・Ｄ・デイヴィスです。結果的に、デイヴィスは神戸を引き揚げ、自分が教えていた塾生と共に京都に転出します。

同志社最初の生徒は八人と言われています。そのうち、六人ほどが、神戸時代のデイヴィスの生徒です。最初の教員は二人です。新島校長とデイヴィスです。つまり、デイヴィスは新島が始めた同志社設立に全面的に協力したのです。

だから、同志社は最初から会衆派宣教師主導の学校です。同志社の教派を決定づけたのは、新島の信仰を含めて、アメリカン・ボードです。

以来、同志社は、会衆派のアメリカン・ボードから数多くの人材と資金を提供されました。もしも同志社を「ミッション・スクール」と呼ぶべきとするならば、それはとりもなおさず「アメリカン・ボード・スクール」にほかなりません。

キャンパスの景観も

早い話が、いま皆さまが居られる、このクラーク記念館です。これを始め、今出川キャンパスに並び立つ五棟のレンガ造り校舎は、現在、国から重要文化財に指定されています。そのいずれも、このミッションなくしては建築されることはありえませんでした。この風格あるキャパス風景、少なくともキャンパス景観の原型を作ったのは、たしかにアメリカン・ボードです。

同様に、D・C・グリーンやD・W・ラーネッドを始め、四百人近い優秀な人材が、アメリカから京都を始め日本各地に派遣されなければ、同志社の今日の質的発展は考えられません。何しろ宣教師というのは、同志社にとってありがたいことに全員、無料奉仕者《ボランティア》なんですから。学校財政の点で、これ以上の支援はありません。

要するに、こうしたソフト面、ハード面にわたるミッションの貢献抜きには、同志社の誕生、さらには初期の学園の発展は考えられません。

記念出版

そこで、同志社としては、今は亡きこの団体にそれなりの敬意と感謝をぜひとも捧げたい、というより捧げるべきですよね。ですが、残念なことに創立二百年というのに、学内の関心はいたって薄いのです。

記念事業にしたって、どこからも、声が上がりません。薄情ですよね、これは。ならば、せめて私ひとりでも、と思って最近、私的に記念出版を敢行しました。書名はそのものずばりで、『アメリカン・ボード二〇〇年』（思文閣出版、二〇一〇年一一月）としました。これにサブタイトルをつけました。「同志社と越後における伝道と教育活動」です。いままで二十数年間にわたって発表してきた旧稿に、書き下ろしを加えた作品です。

これです。ここに持って参りました。ご覧のとおり、ボリューム満点の、立派な「大著」です。小さな活字を二段組みにして六百七十三頁です。文字数で言えば約百万字ですから、厚さだけは立派なもんです。「感謝」を表すための自費出版です。

日本ミッションと北日本ミッション

「自画自賛」しますと、本書の特色はふたつあります。ひとつは、同志社の歴史や新島襄の言動に関してアメリカン・ボードの視点から、つまりボストンから見た分析をしたこと。

もうひとつは、「日本ミッション」（京阪神を拠点に、西日本が伝道対象）だけじゃなく、「北日本ミッション」（新潟、仙台を拠点として、北日本伝道に従事）をも合わせて研究対象にしたこと。特に後者は、本書が、史上初めて掘り起こした試作品だと思います（北日本ミッションは、研究者の間でもほとんど知られていません。が、今日は取り上げません）。

以上のような私の想いをある時、ここに居られる坂本清音先生（同志社女子大学名誉教授）にお伝えしたら、うれしいことに、同志社女子大学も記念出版を企画されました。タイトルは長いですね。『女性宣教師「校長」時代の同志社女学校（一八七六年～一八九三年）――アメリカン・ボード宣教師文書をベースにして――』（上巻）といいます（同志社女子大学、二〇一〇年三月）。

記念講演会

それにしても、これだけでは、同志社としては寂しい限りです。というわけで、私はぜひ公的なイベントを学内で、と願って、今日の講演会を企画して、本学の人文科学研究所にもちかけました。幸いそれが実現して、今日の催し物になった、というわけです。坂本先生が、同志社女学校における女性宣教師たちの働きを、そして私が同志社男子校における男性宣教師の貢献をお話しします。もうお気づきのように、私たちの本日の講演は、それぞれ基本的に先の著作の内容に基づいております。

実は本学の人文科学研究所は、十五年前に似たような講演会をしております。司会は当時、研究会代表を務められていた吉田亮《りょう》先生（現在は社会学部教授）。講師は今日とまったく同じ布陣で、全体のタイトルは、「外国人教師の目に映った百年前の同志社」でした。

この時も、坂本先生が女性宣教師（当時は、婦人宣教師と言っておりました）全般の話しを、そして男性宣教師の代表として、主としてD・W・ラーネッドの事例を私が取り上げました。講演の中身はその後、「人文研ブックレット」三号として活字になりましたので、今でも手軽にお読みいただけます（私の講演は、先の拙著にも再録しました）。

今回は、もちろんその後の研究成果を多数織り込んでおります。それ以上に、記念事業ですから、ミッションの働きを総合的に「検証」（実証）するだけじゃなくて、「顕彰」面をも大いに意識して、お話しするつもりです。

司会の田中智子先生は、今月、人文研スタッフ（助教）になられたばかりのピカピカの新人です。

アメリカン・ボード研究会でいっしょに勉強し合った研究仲間が、こうしてはからずも今日、同志社デビューをされる――これもうれしいことです。

アメリカン・ボードへの見返り

じゃ、本論に入ります。同志社の側から見た場合、アメリカン・ボードの援助はどんなに強調しても、しすぎることはありません。ですが、だからと言って、ミッションの一方的な「持ち出し」か、と言うと、そうとばかりは言えません。

つまり、ボストンの側に立てば、あながち一方的な「支出超過」（出超）でもないのです。それなりの「見返り」も見込まれました。最大の成果、というか収穫は、京都伝道の着手です。

どういうことかと申しますと、本来、京都は外国人、とりわけ宣教師を厳しく排除する街でした。例外は、「お雇い外国人」のように、国や府庁に雇用されるか、あるいは民間の日本人に雇われるか、そのどちらかだけです。

京都ステーション

これが、同じ関西でも、「開港地」の神戸や、「居留地」の川口（大阪）であれば、外国人の居住や活動（伝道を含めて）は自由です。が、京都は、「内陸部」です。それも典型的な外国人オフリミット地帯です。「天子《てんし》」（天皇）さまがおられた「聖なるミヤコ」であり、同時にさながら宗教的な首都です。だから、「夷狄《いてき》」とまでは言わなくとも、外国人への偏見や、キリスト教に対する反発は、どの都市にも負けないくらい強靭でした。

つまり、キリスト教の学校や伝道にとって、京都はどの都市よりも悪条件が積み重なった土地柄でした。強く言い切れば、京都は日本で最悪、と思うくらいです。要するに、同志社と京都は、「ミスマッチ」です。

にもかかわらず、同志社（新島襄）に雇われることによって、阪神地方にいた宣教師たち（アメリカン・ボード）は、京都に入ることが、可能になりました。居住できたのです。ミッション用語で言えば、「京都ステーション」の開設です。

同志社があればこそ

宣教師にとっては、同志社抜きには、京都での居住や伝道は、まったく考えられません。観光ポスターで有名になったキャッチコピーを借りると、「京都に同志社があってよかった」です。つまり、宣教師から見れば、同志社の開校は、即、京都ステーションの開設です。以後、当分の間、両者は一心同体です。二つに分けることはできません。

こうして一八七〇年の神戸ステーション、一八七二年の大阪ステーションに続いて、一八七五年には京都にもステーションができました。成立要因としては、新島襄の存在がすこぶる大きいですね。

彼は前年の十一月に十年振りに宣教師として帰国し、翌一八七五年一月に大阪ステーションに赴任しました。これが京都進出の伏線です。先に阪神地方に派遣されていたデイヴィスたちから見れば、新島はボストンから派遣された後輩宣教師に当たります。

彼らはその後輩を助けて、キリスト教学校を京都に立ち上げた、というわけです。新島を核とした京都ステーションは、同志社そのものなんですから、最初から教育活動が主体の拠点でした。が、裏から見れば、もちろん伝道拠点でもありました。

アメリカン・ボード理事長

そう考えると、アメリカン・ボードにとって、新島襄の存在はきわめて大きかったのです。逆に、新島の側から見ても、アメリカン・ボードの力は圧倒的に巨大でした。早い話が、理事長のA・ハーディーは、新島にとって「予ノ恩人」、「米国ノ父」です（②四〇八）。

いま、ハーディーの肩書きを理事長と言いましたが、厳密に言うと、そうじゃありません。理事会にあたる運営委員会（Prudential Committee）の議長です。その点、新島の用語例の方が、正確です。「アメリカン・ボールドノ商議委員ノ議長」と言っております（②四一二）。

何はともあれ、ハーディーの働きは、絶大でした。新島は帰国して以来のことを顧みて、こう言っております。「此《この》十七、八年以来、日本伝道ノ為《ため》ニハ、最尽力セラレ」た人こそ、ハーディーである。「今日、我カ同志社アルモ、矢張《やはり》、君ノ尽力ニヨルト申スモ」決して過言じゃない、と（②四一二〜四一三）。

ビーコンヒル

ハーディーは、ボストンの高級住宅街、ビーコンヒルに住むセレブです。現地に行かれるとすぐ分かるのですが、この場所は、実に象徴的です。すぐ近くにはマサチュセッツ州の州議会議事堂《ステートハウス》が聳《そび》えています。建物の中央には、金色に輝く大きなドームが、今でも威容を誇っています。

ハーディー家に引き取られた新島にとっても、この「大厦《たいか》高楼ノ上ニ著シク聳エ出タル黄金色ノ丸屋根」は、すこぶる印象的でした。これを目にする旅人は、どんなに遠くまで大旅行をした場合でも、旅の疲れが一挙に吹っ飛ぶほどに「慰メヲ得ル」と言います。新島自身がそうでした（②四〇八）。「ボストンに戻った」と実感できる、まさにボストン特有のランドマークです。京都の住人にとっては、京都タワーみたいなもんです。

新島の場合は、普通の旅人以上の特別の想いが、これにつけ加わります。ほかでもありません。この議事堂からわずか「一町以内ノ所ニ、予ノ恩人ハーデー君ハ住マイテ居《お》リマシタ」（②四〇八）。一町と言えば、六十間《けん》、つまり約百九メートルです。

「故ニ予ハ、彼《か》ノ議事堂ヲ見、又ハ思フ毎《ごと》ニ、ハーデー君ノ家ヲ思出シ、又ハーデー君ヲ逐念《ちくねん》スル毎ニ、彼《か》ノ兀然《こつぜん》トシテ天上ニ聳ヘ立ツ議事堂ヲ思ヒ出シ」と新島が言うのも自然です（②四〇九）。

アメリカン・ボード本部

ビーコンヒルにあるのは、議事堂やハーディー宅だけじゃありません。アメリカン・ボードの本部

（事務局）もまた、ビーコンヒルのすぐ下を東西に走るビーコン通りのコングリゲーショナル・ハウス（本書口絵⑦）にあります。ハーディーの自宅からは、歩いて三分もかかりません。マサチュセッツ州に住む会衆派の信徒や牧師が立ち上げたアメリカ初のミッションですから、その拠点は、創立まもない頃からボストンに置かれました。

その拠点で、事務を仕切る人物が、総幹事です。新島のころは、N・G・クラーク牧師が、そのポストに就いておりました。新島によれば「局長」です（④一九）。まぁ、「事務局長」でしょう。この局長こそ、理事長（ハーディー）と並んで、ミッションのキーパーソンでした。

N・G・クラーク

新島にとって幸いなことに、クラークは彼を深く信頼し、たえず支援してくれました。同僚宣教師が妬《や》くほどです。時には、クラークは新島に「甘過ぎる」、とさえ見られていますから。

この点、ハーディーから「特殊ノ恩遇」を受けたと自認するなら（②四一六）、新島はクラークをも同列に置くべきでしょうね。ハーディーといい、クラークといい、新島は最強のサポーターを味方につけたことになります。

そもそもアメリカン・ボードが日本伝道を開始するにあたっても、新島とクラークの働きは、見逃せません。留学中の新島は、ある時、クラークの家に宿泊しました。その際、彼はクラークに日本への宣教師派遣を早急に開始するよう強力に懇請し、「わかった」の返事がもらえるまで、クラークの手を離さなかった、と伝わっています（『アメリカン・ボード二〇〇年』四頁）。このエピソードから、「日本ミッションは、クラークの家で生まれた」という伝説さえ生まれます。

新島ひいき

新島が亡くなってからの話ですが、クラークの新島想いの実例をひとつ紹介します。この会場（クラーク・チャペル）のあるクラーク記念館です。これは、ブルックリンのクラーク家（N・G・クラーク総主事とは、まったく別の家系です）から建設資金が寄附されて、初めて陽の目を見た建物です。当初、クラーク家は、トルコの学校に寄附するつもりでした。それを日本、いや同志社に回したのは、クラーク総主事の働きがあってのことです（同前、二六六頁）。

クラークは、アメリカン・ボードの窓口（局長）として、たえず京都に目を向けてくれていたことになります。

ラットランド集会の献金

こうして見ると、アメリカン・ボードと新島は一種、持ちつ持たれつ、という関係でした。新島が帰国直前にラットランド（会場はグレイス教会）において「日本にもキリスト教学校を」とアピールした話は、皆さま、すでにご存じですよね。集まった献金の中に、老いた農夫が泣きながら差し出した、帰りの汽車賃二ドルが含まれていた、というあのエピソードが生まれた集会です。

大事なことは、この時の集会が、ひとつの地方教会のイベントや集まりじゃなかったことです。これっきとしたアメリカン・ボードの全国的な集会（年会です）であった、という点です。だから、そこで新島が集めた寄附は、かつて同志社の学内などでよく主張されたように新島個人のもの、ではありません。あくまでもアメリカン・ボードの資金なんです（拙著『ひとりは大切』三二頁以下）。

「同志社の核」

要するに、あの時の献金は、ミッションが管理する「学校基金」なんです。その会計に指名されたのが、なんと、と言うべきか、やっぱり、と言うべきか、ハーディーです。新島のアピールを受けて、アメリカン・ボードはハーディーを窓口にして、さらなる寄附を全米から募ることにしました（『同志社百年史』通史編一、二〇頁、同志社、一九七九年）。

最終的に寄附は、ちょうど五千ドルぴったりになりました。端数《はすう》をハーディーが埋めたから、と考えられます。新島はこの寄附を「同志社の核」と位置づけています。資金は、翌年の学校立ち上げ資金に充当されました。ここから見ても、同志社は明らかに（新島の持ち金ではなくて）ミッションの資金と人材（新島やデイヴィスといった宣教師）が作り上げた学校です。ミッション抜きには、何も始まりません。

日本伝道の開始

しかも、これだけではありません。同志社に及ぼすアメリカン・ボードの感化は、学校のロケーションにもおよびます。どこに学校（同志社）を立てるか、という問題にも、ミッション独自の要素が、介在します。こういうことです。

アメリカン・ボードが、最初の宣教師（D・C・グリーン）を横浜に派遣したのは、一八六九年でした。アメリカ最古のミッションにしては、遅いですね。他派のミッション（改革派や長老派）よりも十年遅れての日本進出でした。新島の進言がなければ、さらに遅れていたかもしれません。

十年の遅れは、伝道地の選択を大きく左右しました。先発組の他派ミッションの宣教師たちが、すでに京浜地方を押さえていました。一方、横浜に上陸したグリーンも、当然のように日本の中心である京浜に定住したい、と考えていました。

けれども、他派の宣教師から、宣教師空白地帯で伝道をすべきだ、といった希望やら意見が出ました。アメリカン・ボードの関東進出が、まるで「割り込み」のように思われたんですね。結局、グリーンは、開港が遅れたということもあって、いまだ宣教師ゼロ地帯であった関西唯一の開港地、神戸へと転出します。これが、一八七〇年に（アメリカン・ボード初の）ステーションが神戸に設置された経緯です。

同志社の京都立地

このことが、同志社の京都立地をもたらす遠因となります。新島は、そもそも江戸っ子（上州系江戸っ子）ですから、アメリカから横浜に戻ったら、学校立地には土地勘のある関東、特に京浜こそベスト、と考えていたはずです。

でも彼は、個人の資格で帰国したわけじゃありません。アメリカン・ボードの宣教師、つまり、組織の一員として日本に送り返されたんです。言うならば、派遣社員です。個人的な思惑で赴任地を選ぶことは、許されませんでした。

本部の当初の意向では、赴任先は神戸ステーション（会社なら、神戸支店）でした。だから、新島は帰国の直前には、すでに「神戸　新島」と署名しています（⑦九二）。先のラットランド集会のアピールでも、「神戸に学校を作りたい」と訴えております（『同志社百年史』通史編一、一九頁）。

ところが、日本に帰ると、赴任地が大阪ステーションに変更されます。で、学校開校の件は、大阪で着手されます。大阪ではあと一歩の所まで行ったんですが、結局、とん挫します。そこで、仕方なく、京都へ観光に赴いたら――ひょんなことから、同志社を作る話が「瓢箪《ひょうたん》から独楽《コマ》」みたいに飛び出した、というわけです。新島にとっては、まるで「棚ぼた」です。

京都ならばこそ

この話を詳しくすれば、これだけで三十分はかかりますので、今日はいたしません。京都に同志社が立地できたのは、そもそも新島がアメリカン・ボードの一員であったことが、決定的に大きかった、ひとまずこれだけを申しておきます。要するに、学校のロケーションを決めたのも、実はミッションだったのです。

以後、同志社、すなわち京都ステーションは、ボストン本部の支援を受けて発展し、ついには日本各地のステーションの中では最大規模のものに成長して行きます。しかし、このために京都ゆえの問題が、同時に派生したことも事実です。この地では外国人（宣教師）の財産権が認められていませんから、ミッションが投資して得た巨額の不動産は、新島を始めとする日本人名義の所有にせざるをえません。

京都をめぐる軋轢《あつれき》

そこで、神戸や大阪の宣教師たちが、学校を神戸や大阪に移すべきだ、と主張し始めます。そこならば、自分たちにも日本人同様の財産権があるから、というのです。

さらに、一部の宣教師から見て不満なのは、同志社内部でも宣教師の働きが十分に認められていない点です。つまり、自分たちが作った学校、すなわち「ミッションの学校」なのに、「新島の学校」（日本人の学校）になっている、という不平です。主導権を日本人に握られているじゃないか、というわけです。

これが神戸になりますと、あそこにはアメリカン・ボードが作った最初の学校があります。「神戸ホーム」、今の神戸女学院です。最初からアメリカ人女性宣教師が校長を務めます。

それが京都では、無理なんです。これも詳しい説明は省きますが、新島や同志社は、京都ならではのこうした苦闘を味わわされます。この点も、同志社の特異性です。

アメリカン・ボードの方針転換

それでも、いろんなことがありながらも、ともかくも同志社は生き延びます。もちろん、ハーディーとクラークの強力な後方支援《サポート》、これも大きかったですね。

ハーディーの支援はもちろんですが、クラークの恩恵をも最大限に享受したのが、日本伝道、ひいては同志社や新島です。どういうことかと申しますと、クラークは、前任者のR・アンダーソン総主事の方針を大きく転換させました。それまでは、地域的にはトルコあたりが重点地区であり、しかも伝道優先主義でした。さらに人材面では、男性主体です。独身女性の派遣は、基本的には認められませんでした。

それをクラークが、大きく転換させます。比重をトルコから日本へ移すと同時に、伝道本位であった方針も修正します。こうして、伝道以外の諸活動、たとえば教育（特に中等・高等教育）や出版、医療、社会事業といった面にも力を注ぎ始めます。さらに、そのうえ、女性独身宣教師を積極的に登用し始めます。

こうしたアメリカン・ボードの方針転換が、新島による同志社開校の時期とちょうど重なったことが、新島には誠に好都合でした。

アメリカン・ボードと女学校

たとえば、女学校の誕生です。アメリカン・ボードが日本で最初に立ち上げた学校は、先に紹介したように「神戸ホーム」でしたね。同志社英学校（男子校です）より一か月早い一八七五年十月の開校でした。京都にキリスト教女学校（最初は「京都ホーム」）が出来たのは、その翌年のことです。

神戸も京都も、E・タルカット、J・E・ダッドレー、A・J・スタークウェザーといった独身女性宣教師が、創立者です。あとで坂本先生から詳しい紹介があるように、女性宣教師を派遣するミッション（ウーマンズ・ボード）が誕生したからこそ、できた事業です。要するに、神戸女学院や同志社女学校の創立は、クラーク時代の幕開けを告げる記念すべき出来事《イベント》なんです。

伝道本位から教育重視路線へ

男子校もそうです。クラークの前任者（R・アンダーソン）なら、あくまでも伝道本位でした。たとえ伝道上、教育活動が必要であったとしても、最低限の普通教育、すなわち「読み、書き、そろばん」止まりの初等教育だけでいいわけです。

それが、クラーク総主事になると、教育活動に積極的な意義が認められます。レベルとしても、高等教育、しかも、神学教育以外の専門教育を含めた教育を追求する道が、開かれてきます。これで新島による同志社「大学」設立構想も、認知されるようになります。

以上のようなボストンの方針転換は、京都ステーション（同志社）の方向と目標を確固としたものにします。

ボストンへの反作用

その一方で、逆に、京都の動向が、ボストンの方針転換に何ほどかの感化を与えた、とは言えないでしょうか。トルコでの動静（『アメリカン・ボード二〇〇年』二四一頁以下を参照）と並んで、日本（とりわけ京都ステーション）の動きが、本部でも注目されていたことは、確かです。

たとえば、二度目の渡米中、新島は三種類のアピール文を作成しております。主として「日本における高等教育」を論じたものです⑦三四三以下）。これがどの程度、効果的であったかは、にわかには測定不可能です。ですが、それまでの十年に及ぶ同志社の実績が、物を言ったことだけは、まず確実です。

要するに相互作用です。京都ステーション（同志社）の動向は、アメリカン・ボード全体の動向と密接にリンクしている、このことがお分かりいただけたでしょうか。その意味では、同志社は日本のステーションの中だけじゃなくて、ボストンから見ても特異な存在でした。そればかりか、少なからぬ感化を逆に本部に及ぼした数少ないステーションであった、と言えます。

アメリカン・ボードが近代日本に及ぼした感化は、もちろん圧倒的です。一方、このミッションの動向や決定に同志社（京都ステーション）が果たした働きも、無視できません。予想以上に大きかったことを確認しておきたいものです。

（同志社大学人文科学研究所公開講演会、クラーク記念館クラーク・チャペル、二〇一〇年一〇月二九日）

タバナックル教会（マサチュセッツ州セイラム市）

19世紀、この教会（Tabernackle Congregational Church）のウースター牧師（S.Worcester）は、アメリカン・ボード創立時（1810年）の９人の理事のひとり。初代の幹事（1812年～1821年）でもあった。1819年、牧師を辞任し、亡くなるまで幹事職に専念した。独立した事務所が出来るまで、彼の自宅（牧師館）が事務所であった。

1812年、最初の宣教師５人（全員、アンドーヴァー神学校卒）をインド（カルカッタ）に派遣する際の牧師任職式（按手礼）は、この教会で行なわれた。教会内には、今も当時の史料が展示されている。

1871年のアメリカン・ボード年次総会は、セイラムで開催された。神学生の新島もアンドーヴァーから参加した。日本へ赴任するデイヴィスの回想では、「新島は群衆をかきわけて、私を見つけ出し、〔中略〕両眼に涙をうかべて、お目にかかれて本当に嬉しいと言った」（Ｊ・Ｄ・デイヴィス著・北垣宗治訳『新島襄の生涯』41頁、同志社大学出版部、1992年）。劇的な初対面シーンが生まれたのは、この教会ではなかったか。

セイラムと言えば、Ｗ・Ｔ・セイヴォリー船長の故郷でもある。ただし、彼が所属する教会は、タバナックルではなくて、ユニテリアン系の第一教会（The First Church）である（本書99頁参照）。

同志社の宣教師たち
――初期の七人をめぐって――

アメリカン・ボード創立二百年

今年は、アメリカン・ボード創立二百年、という節目の年です。それを記念して、一週間前の十月二十九日、クラーク記念館内のクラーク・チャペルで講演をいたしました。演題は「アメリカン・ボード創立二百年」、主催は本学の人文科学研究所でした。

堅いテーマにもかかわらず、珍しく大入り満員でした。入場をあきらめて帰られた人もいらっしゃる、というほどでした。アメリカン・ボード、いや、同志社も捨てたもんじゃない、と思いました。

と言いますのは、同志社はかつて、このミッションにさんざんお世話になりながら、今年など、記念行事やイベントの企画はゼロ、という無残な状況だったからです。義憤、とは言いませんが、お寒い現状に呆《あき》れて、私は『アメリカン・ボード二〇〇年』（思文閣出版、二〇一〇年）という本を自費で出版して、私的に記念、感謝を表明しました。

宣教師あれこれ

先日の講演会では、ミッションのあらましをお話ししました。今日は、突っ込んだ中身のお話し、つまり個々の宣教師についてのお話しです。ただし、場所柄、京都（同志社です）に来た初期の宣教師に限定します。

そもそもアメリカン・ボードは、一八一〇年創立という老舗《しにせ》のミッションです。が、日本進出は遅くて、一八六九年でした。以来、一九六一年までの間に、日本（日本ミッション）に四百人近い宣教師を送り込みました。そのうちの二割近くが、京都（同志社）に派遣されています。新島もそのひとり、ということをまず確認しておきます。

新島のパトロンとなったのは、ボストンのA・ハーディーです。彼こそ、アメリカン・ボードの理事長ともいうべきポストに就いていた重要人物です。新島は、いわば「ハーディーの息子」として日本に送り返された宣教師であるという事実、これは決定的に大事です。この「親子」抜きに、日本伝道は語れませんから。ハーディーは「日本ミッションの父」である、という評価は、日本の宣教師間ではいわば常識でした（⑥三一六）。

三年間に八人

最初に日本に派遣されたのは、D・C・グリーンです。彼は、中国ミッションのR・H・ブロジェットの推薦と並んで、ハーディーの決断が、日本伝道開始のカギになった、と回想しています（E.B.Greene, *A New-Englander in Japan Daniel Crosby Greene*, pp.80～81,Houghton Mifflin Company,1927）。

このこともあって、最初の三年間に日本に派遣された宣教師たちは、いずれもスゴイ人たちです。

グリーン以下、O・H・ギュリック、J・D・デイヴィス、M・L・ゴードン、J・C・ベリー、D・W・ラーネッド、E・タルカット、J・E・ダッドレーです。

最後の二人は、独身女性です。ラーネッドは、これら八人を「日本ミッションの創立者」と評価しています（『アメリカン・ボード二〇〇年』一二～一三頁）。

同志社に来た宣教師

先の八人中、三人、すなわちギュリック、タルカット、ダッドレーを除いて、五人が同志社に赴任しています。ギュリックは、まず来る意志がなかった、と見るべきです。なぜか。大阪を拠点にして、（神戸のH・H・レヴィットと並んで）激しい同志社批判を展開しましたから。関係があるとすると、マイナスの関与です。彼らの攻撃に関して、京都のデイヴィスは、「後ろから鉄砲を撃つ奴がいる」と不快感をあらわにしております（『アメリカン・ボード二〇〇年』一七二頁）。

一方、タルカット、ダッドレーという女性陣は、「神戸ホーム」（後の神戸女学院）の設立と維持に尽力しました。だから、京都の学校とは直接の関係はありません。

ということで、まず、残る五人の男性宣教師を取り上げます。ゴードン以外、いずれも（私も編集に関わった）『同志社山脈――百十三人のプロフィール』（晃洋書房、二〇〇三年）に列伝を収録しました。この本では他にも、L・リチャーズとM・F・デントンを取り上げました。で、ついで彼女らも加えて、今日は全部で七人を紹介します。いずれも、新島襄との接点を軸にします。

デイヴィス

まずは、デイヴィスです。名前、聞いたことがない、っていう本学の学生は、「もぐり」です。入学式でお世話になったはずですから。本学の入学式場は、このところずっと京田辺キャンパスのデイヴィス記念講堂（体育館）です。

壁には、My life is my message.（わが生涯が、遺言なり）というカッコいい彼のモットーが、記されています（拙著『ひとりは大切』一九七頁以下）。亡くなる際に、娘夫婦（C.B.Olds 夫妻）に与えられた文言です（『同志社五十年史』二三九頁、同志社校友会、一九三〇年）。

このデイヴィスは、新島襄や山本覚馬《かくま》と並ぶ、同志社の創立者です。来日の順番では三番手ですが、京都（同志社）赴任は第一号です。

彼は、新島が日本に帰国する前から、神戸で塾（宇治野英語学校）を開いていました。これが京都での開校に至る伏線です。

同志社の最初の生徒八人のうち、六人くらいは神戸でデイヴィスの生徒であった、といいます。乱暴に言えば、同志社英学校は、神戸にあったデイヴィスの塾が、教員、生徒もろとも、京都に移転したようなもんです。

そうは言っても、ラーネッドのように、「神戸からデビス先生と共にやって来た八人の生徒をもって、学校は開かれた」と見るのは、ちょっと行き過ぎですよね（D・W・ラーネッド『回想録』二九頁、同志社、一九八三年）。

日米協力の成果《たまもの》

さらに、ラーネッドの証言によれば、キリスト教学校の開校を新島も、アメリカン・ボードも、共に切望していた。しかし、新島単独では無理で、ミッションの援助を必要とした。一方、アメリカン・ボード（デイヴィスです）の方も独力では不可能であった、といいます。要するに、「同志社はこのふたつの協力の結果であった」のです（同前、二八頁）。

新島とデイヴィスが京都で始めた業務は、最初から伝道よりも教育主体でした。その点、当初から特異な伝道拠点にならざるをえません。

同志社は男子校から始まりました。デイヴィスはすぐに女学校（京都ホーム）を自宅に設けました。女子教育の開拓者でもあります（『アメリカン・ボード二〇〇年』一五三頁以下）。男子校にしても、デイヴィスの働きがすこぶる大きいことから、アメリカン・ボードでは、デイヴィスが「陰の校長」、つまり実質的には「校長」とみなしているくらいです（同前、一四〇頁）。同僚のラーネッドにしてみても、デイヴィスが初期の「数年間、学長」であった、と言っております（『回想録』二八頁）。

「情の人」

当初からデイヴィスは、新島とは「情の人」という点で相互のつながりが強固でした。同志社開校で意気投合したふたりは、以後も一致結束して同志社を守ろうとしました。ある危機的な学校情勢の中で、新島は、デイヴィス本人にこう書き送っています。「あなた無しには、私たちはやっていけない、と確信します」と（⑥二一〇）。

初期の同志社では、このふたりはうってつけのコンビであり、いわば「同志社の父母」みたいな存在でした（『アメリカン・ボード二〇〇年』一六八頁）。だから、生前よきパートナーであったデイヴィスが、新島の死後いち早く、英文の新島伝の著者に指名されました。ごく自然です（拙著『魂の指席』一六三頁、一七二頁）。

デイヴィスから見た新島

ここで、デイヴィスの新島評を紹介しておきます。

「キリストのために自分を否定することは、自分にとっての最大の利益であることを学びたい。『いちばん偉い者は、仕《つか》える人でなければならない。いちばん先になろうと思うならば、みんなに仕える者と成らねばならない』（「マタイによる福音書」二十三章十一節。「マルコによる福音書」九章三十五節）のである。

神は自分に忠実な者、自分自身の良心に忠実な者、義務と正義に忠実な者の面倒を見て下さる。そういう人には幸福と、最後には成功と栄光とが必ずついてくるものである。〔中略〕新島の名は、地上にあっては多くのいわゆる英雄の名前が忘れられた後にも、長らく記憶されるであろうし、天上にあって彼の地位は、自分自身の栄光を求めたすべての人々のそれよりも、高いものとなるであろう」（J・D・デイヴィス著、北垣宗治訳『新島襄の生涯』一九八～一九九頁、同志社大学出版部、一九九二年）。

ちなみに、デイヴィスの伝記は、息子のマール（京都生まれです）が著しました。『闘う宣教師』（*Davis, Soldier Missionary*）という書名は、すぐれて暗示的です、学生時代、休学して南北戦争に四年間も従軍しました。終戦後も、デイヴィスはどこにあっても戦士でした。同志社でも「霊界の軍人」でした（『同志社五十年史』二三八頁）。

ラーネッド

同志社にとって、次なるキーパーソンは、ラーネッドでしょう。

アメリカン・ボードの宣教師として、日本赴任は二十九人目（夫人は三十人目）でした（『アメリカン・ボード二百年』一七六頁）。以後、同志社に勤続五十二年、というのはすごいです。が、その間の帰米（サバティカル休暇）が、たった二回というのも、驚きです。

学者として知られ、あの「熊本バンド」の俊才たちからも、一目置かれた存在でした。自分でも次のように回想するほど、最初から教授候補として同志社に送られたようです。「アメリカン・ボードでは頻《しき》りに教授を物色中であったので、予も其《その》任に選ばれて、日本へ赴任することに」なった、というのです。要するに「教師宣教師」（an educational missionary）です（『回想録』一七頁、五四頁）。

彼は無類の読書家でした。著作も多数、残しています。だから、京田辺キャンパスの図書館（ラーネッド記念図書館）に、彼の名前が被《かぶ》せられているのも、きわめて自然です。正面の壁には、彼のモットーが彫られています。Learn to live and live to learn.（生きるために学べ、学ぶために生きよ）。

イェールを一番で卒業した、と伝えられている秀才に相応《ふさわ》しい言葉ですね（拙著『ひとりは大切』一九五頁以下、拙著『千里の志』一八七頁）。同志社が大学になった時には初代学長（一九一九年）になった、というのも頷《うなず》けます。

「知の人」

こういう「知の人」、「理の人」でしたから、多分に「情の人」であるデイヴィスや新島とは、気質的に少し距離がありました。デイヴィスとラーネッドの性格が、「全く相反して」いたことは、衆目の一致するところであった、といいます（『アメリカン・ボード二〇〇年』一七八頁）。ですが、ふたりは初期同志社を一貫して支え続けた同志です。ラーネッドには、デイヴィスを一番よく知っているのは自分だ、との自負がありました。デイヴィスの伝記を書くなら、自分が適任者、という思いです（『回想録』四六頁）。

新島との関係も同様です。気質の差はあったものの、新島への尊敬度は高いですよ。次の新島評を読めば、よく分かります。

ラーネッドから見た新島

「新島先生は、先生の絶えざる誠実と、完全な自己忘却（自己否定、自己犠牲）とによって、学校に最も尊い記憶と模範を残された」（『回想録』二八頁）。

「新島先生は、決して名誉を求むるの心なく、又、同志社の校長として権力を振り廻はすといふ心も決してなかったので、全く利己心を捨て丶、人の為《ため》に働くといふ心を以て、学校の為に生涯を費されたのであります」（同前、一一頁）。

「我が同志社の職員、及び学生諸君は、願わくば新島先生に倣《なろ》うて、利己心を去って人の為に働く心と、見えざる神の御助を信ずるの確信と、同心協力の精神を以て、愈々益々、敬愛する創立者の目的を成就し、其《そ》の理想を実現せしむる様に尽力したきものである」（『追悼集』二、二三三頁、同志社社史資料室、一九八八年）。

相当に心酔してますね。

ただ、完全に一心同体だったとは、言い難いです。例の「自責の杖事件」をめぐる対応には、明らかに差があります（『アメリカン・ボード二〇〇年』一八二頁以下）。だから、もしもラーネッドが新島伝を著していたとしたら、おのずとデイヴィスの作品とは色調が違っていたはずです（『魂の指定席』一七〇～一七二頁）。

しかし、あまりにも学者や大学教授のイメージが強すぎるのも、問題です。彼も牧師ですから。京都で最初（一八七六年十一月二十六日）に生まれたプロテスタント教会（京都第一公会）は、彼の家庭で生まれており、仮牧師がラーネッドであったことを見逃してはなりません（⑥一七八）。洗礼も立派に施しております。

洛北教会

さらに二十世紀になりますが、ラーネッドの邸内でもうひとつ、教会があらたに生まれております。今の洛北教会（日本キリスト教団）です。一九〇七年のことです。

それより三年前の一九〇四年に大宮季貞《すえさだ》という牧師（同志社神学校卒）が、新潟から呼ばれて、ラーネッドの助手（私設秘書）になります。ふたりは二十五年にわたって新約聖書講解（全二十二巻）を完成させました。まさに偉業です（竹中正夫『良寛とキリスト—大宮季貞の生涯を辿って—』一四八頁以下、考古堂、一九九六年）。

大宮は、ラーネッドの口述筆記や翻訳をするだけでなく、ラーネッドの指示と協力を受けて、ラーネッドの邸内で伝道を始めます。ラーネッドは本来が牧師ですから。当初は、地名をとって「今出川教会」と呼ばれました。のちに洛北（鞍馬口通り）に転出して、いまの洛北教会になりました。

これに加えて、忘れてならないのは、夫人です。来日したのは、なんと十八歳の時ですよ。夫と共に出町《でまち》幼稚園（デントンが創設）を邸内に引き取ったり、邸内の今出川教会を助けたり、といった活躍をしております。前者は同志社幼稚園として、後者の洛北教会と同様に、いまも健在です。

グリーン

日本ミッションの第一号宣教師です。一八六九年の来日で、神戸に最初の拠点（ステーションといいます）を置きました。当初は中国に派遣されるはずでしたが、きゅうきょ日本になりました。

アンドーヴァー神学校を卒《お》えるや、すぐに按手礼を受けて、正規の牧師に認定されます。翌日、結婚です。日本への赴任旅行が、新婚旅行代わりです。花嫁（Mary Jane Forbes）にとっては、それまで外国はもちろん、ニューヨーク州の西部から西へは行ったことがない、という未踏の旅行でした（*A New-Englander in Japan Daniel Crosby Greene*, p.82）。彼らの労苦が偲《しの》ばれますね。

神戸で開拓的な働きをしたのち、新島が帰国した一八七四年末には、グリーンは他教派との聖書翻訳共同事業のために横浜に移っていました。だから、新島を横浜港で出迎えた宣教師のひとりが、グリーンでした。

新島はアメリカから帰国する時には、神戸に行くことがほぼ決まっておりました。が、横浜に戻って以降、グリーンから大阪へ行くようにとの指示が、伝えられたようです。当時、大阪にもステーションや会衆派教会が形成されたばかりでした。その大阪に新島が赴任したこと、それが、京都に同志社が創設される伏線になります。

レンガ校舎

その後、グリーンは横浜から京都に転出します。同志社での功績は、何といってもレンガ造りの校舎を三棟（彰栄館、チャペル、有終館）、設計し、資金をボストンから確保したことです。彼に続いて、イギリスとドイツのプロの建築家が設計したのが、ハリス理化学館であり、クラーク神学館（現クラーク記念館）です。これら五棟は、現在、国の重要文化財に指定されています。

グリーンと新島は、同年齢、しかも誕生日も一日違いです。ですが、こと教派観に関しては、ふたりの見解は両極端でした。一方は寛容派、他方は厳格派です。したがって、例の教会（教派）合同問題では、両者は対立した立場に立ちました。

合同に批判的な新島は、大勢の宣教師たちがグリーンに感化されて、合同支持に回っているのを苦々しく眺めておりました。「残りの者たちは、グリーンに引きずられています。ああ！！　ああ！！！」といった有様です（⑥三一八）。

トップスリーの墓

以上の三人は、誰が選んでもトップスリーに一番近いと思います。が、もしも上位ふたりとなると、グリーンは選外でしょうね（『同志社五十年史』二二三頁以下）。

上位三人といえば、「同志社墓地」（洛東の若王子《にゃくおうじ》山頂）です。ここにある外国人の墓として、独立した墓碑が立っているのは、このトリオだけです。その他の人たちは、「共葬墓碑」に一括して埋葬されております。

ただし、その陰で悲しい、というか辛い出来事があったことは、記憶しておくべきでしょうね。無管理だから、という理由で、グリーン夫妻の墓が東京の青山霊園から追い出されそうになったことがありました。その際、その管理を申し出たのが同志社でして、最終的に若王子に運びこみました。あそこはすでに満杯でしたから、既存の墓を取り除く必要が生じました。犠牲になったのが、M・

F・デントンの墓でした。用済みとなった墓石は、現在、同志社女子大学の今出川キャンパスの一角に据えられています。かつての「デントン・ハウス」前の日本庭園に庭石ぽく、あるいは、記念碑のような形でひそやかに佇《たたず》んでいます。

ゴードン

四人目は、ゴードンです。医療宣教師です。同志社ではあまり知られていません。『同志社山脈』にも評伝が収録されていません。同志社の教員としても、目立った功績がありません。ですが、新島の帰国前後には、なかなか大事な働きをしております。

たとえば、帰国直前の新島に宛てて、最初に日本からラブコールを送ったのは、大阪にいたゴードンです。日本語で自由に説教できる新島を、首を長くして待っている、というのです（⑥一三五）。

事実、新島の赴任地が大阪と決まった際、宿舎を提供したのはゴードンです。川口居留地脇の雑居地に借家を構えていたゴードンの家に、新島は落ち着きます。

神学校で新島と同窓

こうした親密な関係は、実はアメリカで生まれました。ゴードンは、新島と同年の生まれです。ともにアンドーヴァー神学校の卒業生です。ゴードンが卒業した一八七〇年に、新島が入学しております。だから、相互に知り合う機会が、あったようです。つまり、日本ミッションのメンバーの中で、留学中の新島が（デイヴィスと並んで）アメリカで知り合った数少ない人物のひとりです。

ゴードンは、新島より一足早く、一八七二年に大阪に赴任します。ゴードンが大阪からアンドーヴァーで勉学中の新島に出した手紙には、こうあります。

「共にアンドーヴァーにいた時のことを思い出さずにはおれません。君は日本、とくに大阪について多くのことをよく語ってくれたものです」（『新島襄宛英文書簡集（未定稿）』一、三四頁、同志社大学人文科学研究所、二〇〇七年）。

京都立地

京都でも、ふたりの交流は続きます。ゴードンの手引きで、京都で山本覚馬《かくま》に逢えたこと、これは特筆すべき出来事です。なぜなら、これで京都開校への伏線がくっきりと顕在化するからです。これも、ゴードンが京都博覧会見物を兼ねて、毎年（新島が帰国する前のことです）、京都に出かけ、三か月の会期中、京都に居住したことが、背景にあります。

一八七九年に至って、新島はゴードンを京都（同志社）に教員として招きます。申請を受けた政府は、森有礼《ありのり》と寺島宗則（外務卿）の間で見解が真っ二つに割れました。キリスト教嫌いの寺島は、同志社を「外国の学校」、新島を「名目的な所有者」と見なして、外国人の京都滞在許可証（パス・ポート）の発行を渋ったのです。

最終的には、留学以来、旧知の仲である森の尽力で、ゴードンの同志社赴任が決まった、という経緯があります。同志社での勤続期間は、二十年でした。

夫人（D.Agnes）のことを付け加えます。京都で初めて、幼稚園を始めた人です。それが、現在も続く相愛幼稚園です。

デントン

女性では、なんと言ってもデントンです。帰米休暇中のゴードンから誘われて、カリフォルニアから来日しました。日本に派遣されたアメリカン・ボードの宣教師としては、ちょうど百人目、といわれています。

ゴードンから誘われた時の言葉は、「京都に新島襄という偉い人物がいる。キリスト教の精神を日本に植えつけようとして奮闘している。あなたも日本に行って、手伝ってあげないか」でした。デントンの決断は、即座であったといいます（日比恵子《えみこ》「ミス・デントン来日の前後」一〇二～一〇三頁、『同志社談叢』二五、同志社社史資料センター、二〇〇五年三月）。

デントンが同志社に赴任してから、新島の永眠までは、一年半近くあります。だから、噂で聞いていた「偉い人物」との交流があっても、不思議じゃありません。けれども、「新島にはほとんど会っていなかった」と伝わっています。本人の証言では、「若すぎて、先生の真価を見出すことができませんでした」とか、「先生が朝の礼拝でお話をなさるのはよく聞きましたが、何のことをお話なさったか、覚えておりません」といいます（F・B・クラップ著・坂本清音他訳『ミス・デントン』四一頁、

八五頁、同志社女子大学、同志社同窓会、二〇〇七年)。

日本(同志社)に来るにあたって興味深いのは、彼女に音楽面の才能があれば、音楽教師を探していた新潟(新潟女学校か)に送られるところでした(同前、一〇四頁)。来日後の彼女の主たる働き場は、同志社の女子校でした。

同志社女学校の母

同校のそもそもの前身は「京都ホーム」というミッション・スクールでした。創設者はA・J・スタークウェザーという女性宣教師なんですが、いまでは、開校後十年以上たってから赴任してきた後輩にあたるデントンの方が、圧倒的に有名です。それほど、スゴイんです。

まず、勤続年数です。なんと六十年です。これは今後、決して破られない記録です。定年後はもちろん、アメリカが日本の敵国になった時、すなわち第二次世界大戦中も、なかば幽閉状態ではありましたが、京都に居続けました。特高(特別高等警察)による厳しい監視がついたことは、言うまでもありません。

まさに同志社女学校命《いのち》です。「殆ど恋愛的と言ひ得る程の熱情を以《もっ》て学校を愛し、之《これ》を離れることは、死を意味する程である」と言われたりします(『同志社五十年史』二三四頁)。

それに、募金活動もスゴイ。あらゆる伝手《つて》、手づるを求めて募金し、女学校の建築資金に充てます。静和館(旧)、ジェームズ館、家政館、平安寮、栄光館(旧パイプオルガンも)などです。

同時に、幼稚園の開拓者でもあります。出町幼稚園（一八九七年、現同志社幼稚園）、マクリーン幼稚園（一九一九年）は、今も健在です。

ベリー

男性に戻ります。ベリーは医療宣教師、すなわち医師です。眼科医でした。当初は大阪で医療活動をしておりました。ついで、岡山県の高崎五六《ごろく》県令（知事）から招かれて、岡山病院の顧問を務めます。中川横太郎という実にユニークな県庁高官が、仲介者として活躍した結果です。

岡山から京都へベリーを引き抜いたのは、新島です。来たるべき同志社大学の医学部構想を描いた際、まずは病院と看護学校から着手しようというのです。

新島がベリーに期待するものは、何でしょうか。招聘状には、次のような期待が、書いてあります。「日本ではほとんどの医者は、悲しいほど腐敗しています。だから、キリスト教を彼らに届けて純化させ、彼らを高尚にして、この気高い職にもっと相応《ふさわ》しくさせることを望みます」（⑥二二五）。

ほかにも、帝大（東大）を軸にドイツ医学全盛となりそうな医学界の動向に対して、英米医学を導入したい、という期待もありました。

同志社医学部構想

日本人信徒で西洋医、あるいはドクター（医学博士）が不在の時代ですから、新島はベリーを同志社病院の院長に据え、すべてを託します。病院は京都御苑《ぎょえん》の西側（今のＫＢＳ京都の辺り）に設けられました。

しかし、新島の死後、ミッション離れを試みた後継者たち（かつての熊本バンドです）により、アメリカン・ボードとの絶縁状態が生じます。この結果、ベリーは院長を追われ、したがって、病院は看護学校ともども廃止の憂き目をみます。

京都時代で興味あるのは、ベリー家で飼われていたペットです。「弁慶」という名の犬です（K.F.Berry, *A Pioneer Doctor in Old Japan*, p.142, Fleming H.Revell Company,1937）。奇しくも、新島が飼った犬と同じ名前です。あるいはベリーからのプレゼントか、置きみやげかもしれません。

リチャーズ

ベリーと共に、看護の分野で活躍したのが、リチャーズです。アメリカン・ボードが日本に派遣した最初の看護婦です。当時、彼女はボストン市立病院看護学校の校長という要職に就いていました（『アメリカン・ボード二〇〇年』一六五頁、一六七頁）。

彼女は、アメリカでも看護師の草分けです。アメリカで最初の看護学校に入学した五人のひとりで、卒業したのは彼女一人、ですから、まさにパイオニアです。イギリスに渡った時には、あのナイチンゲールにも逢って、指導を受けております。

そんな彼女を同志社はよくぞ、招くことができた、と思います。なにしろ京都はもちろん、関西にその種の看護学校はまるでゼロ、という未開発地帯《ゾーン》ですよ。同志社が設けた京都看病婦学校は、日本で二番目か、三番目に古い看護学校です。

彼女の勤務は足掛け五年（一八八六年から一八九〇年まで）でした。宣教師として来日しましたから、本来は伝道中心の活動をしたい気持ちがあったようです。子どもたちのための日曜学校や、バイブル・クラスにも積極的でした。ただ、新島との関係は、あまり深くはありません。

新島襄の特異性

以上、主として同志社に関わった宣教師を七人、紹介しました。

彼らはすべて新島の「同僚」でした。それも、二重の意味で、です。つまり、同志社のスタッフであるばかりか、同時にアメリカン・ボードのメンバーです。

歴代の同志社スタッフで、この手の共通項をもった日本人は、後にも先にも新島だけです。いかに彼が特異な立場にいたかが、お分かりいただける、と思います。極論すると、新島は半分日本人、半分アメリカ人（宣教師）みたいなものです。

蜜月から断絶へ

これが、彼と後継者との大きな違いです。たとえば、同志社社長（今の総長）を見てみますと、例の「熊本バンド」の人たちは、小崎弘道（二代目社長）にしろ、横井時雄（三代目社長）にしろ、日本人百％です。おまけに国家主義の信奉者ときていますから、外国人の助けを受けないことをむしろ誇りとし、ミッションと抗争を繰り広げます。その挙句《あげく》、両者間に亀裂が生じ、ついには破局に至ります。まるで同志社独立戦争です。

新島社長の期間を「蜜月時代」と呼ぶならば、それ以降は、「抗争時代」あるいは「不和時代」です。とりわけ、一八九六年から一八九九年までの三年間は、完全な絶縁状態が続きます。ラーネッドはこれを「暗黒の日々」と呼んでいます（『アメリカン・ボード二〇〇年』一四九頁）。世紀末に、ようやく両者の関係が修復します。

一九六一年に解散

二十世紀は、あらたな良好関係の始まりです。そうした関係は、基本的に一九六一年まで存続します。同年、アメリカン・ボードは、他派のミッションと合同しました。同志社との密接な関係は、ひとまずそこでストップします。

つまり、同志社は一八七五年の開校から、一時の破局期間を除いて、七十数年にわたってアメリカン・ボードの援助を受けてきた学園です。その起点に、新島襄がいたことを私たちは今一度、銘記したいと思います。

（同志社スピリット・ウィーク公開講演会、同志社大学明徳館、二〇一〇年一一月二日）

「美徳を以《もっ》て飾りと為《な》す」

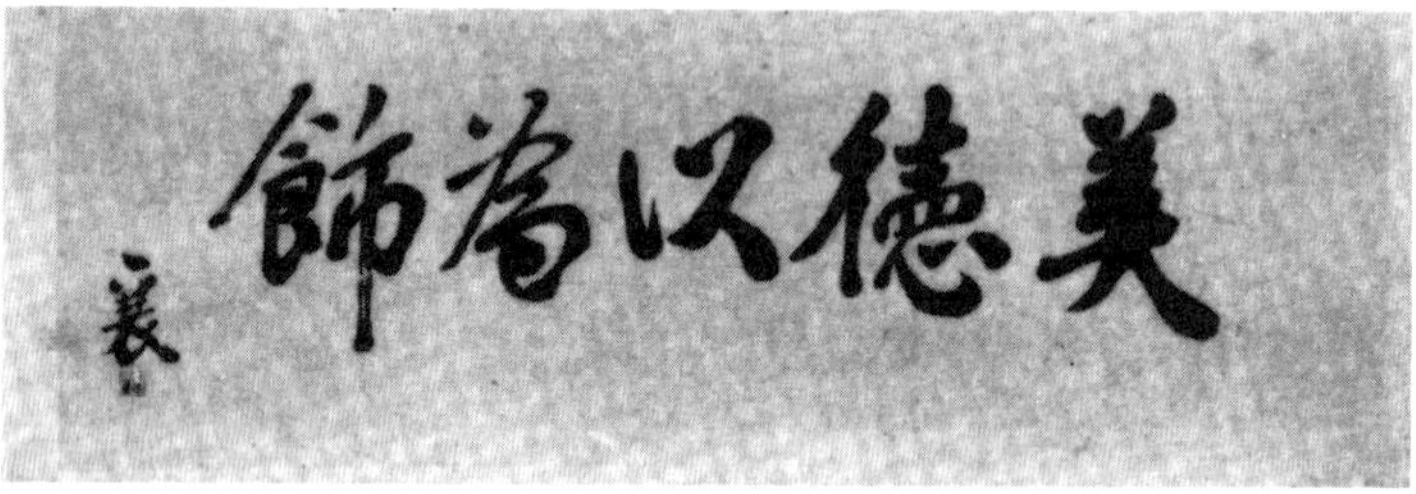

上は、前に拙著『ハンサムに生きる』（口絵⑤）で紹介した新島八重の書。下は、新島襄の書である（『七十五年の回顧』口絵頁、大江高等学校抱節会、一九六二年）。八重は、新島の書を真似て書いたと思われる。新島は日ごろ、学生たちに「装飾に心を用ゆるなかれ」と助言していた（石塚正治『新島先生言行録』一〇〇頁、福音社、一八九一年）。

八重の書は、会津若松の女子高校（現在は共学の県立葵《あおい》高等学校）の校長室に長く掛けられてきた。一方、新島の書も、熊本市の女子高校の校長室に掛けられていた。同校の始まりは、熊本初の女学校（熊本女学校、一八八七年創立）である。しかも、キリスト教主義である。組合教会系なので、徳富久子（蘇峰の母）、竹崎順子、矢嶋楫子《かじこ》、海老名弾《だん》正《じょう》といった同志社ゆかりの人物が、学園に関わってきた。

戦後、大江高等学校、ついで熊本フェイス女学院と改称された。今年（二〇一一年）三月には閉校され、四月には私立開新高等学校と合併する。同校は非宗教系の学園のため、キリスト教主義教育の看板は降ろされる。

牧師としての新島襄
――アメリカン・ボードと同志社教会――

牧師・新島襄

新島襄は、牧師です。これは、私たち同志社教会員にとっては、当たり前すぎることです。ですが、世間の常識は、違います。新島はなんといっても教育者として、定評があります。

で、数年前に『新島襄の交遊』（思文閣出版、二〇〇五年）を出した時も、私にはこの点が、大変気になりました。そこで、思い切って「新島襄は牧師である」という一文から、説き起こしました。教育者で凝《こ》り固まったイメージを何とか打破したかったんです。

二週間前に出版した新島の文庫もそうです。あえてタイトルに「宗教」を入れました。同志社編『新島襄　教育宗教論集』（岩波文庫、二〇一〇年一〇月一五日）です。

そもそもこのギャップは、いったいどこから来るのか。ひとつは、新島が宣教師であるかどうか、この点を私たちが突きつめるかどうかにかかっています。で、今日はここに焦点を当てます。

宣教師・新島襄

新島襄は、宣教師です。彼を宣教師に任命したのは、アメリカン・ボードというミッションです。

アメリカ最古のミッションで、今年はちょうど創立二百年を迎えています。彼はアンドーヴァー神学校（大学院に相当します）で牧師になる勉強をし、そのための資格を得ます。そればかりか、卒業（一八七四年七月）を前にして、アメリカン・ボードから宣教師に任命されました。外国人、ましてアジア人としては、異例です。たしか、初めてのケースです。

大阪に赴任

新島が、このミッションから日本伝道のために送り返されたのは、同年の晩秋（一八七四年十一月）のことでした。当時、アメリカン・ボードは神戸と大阪に拠点（ステーションと言います）を構えて、関西伝道を展開中でした。新島はこのうち、大阪に配属され、さっそくキリスト教学校設立に向けた運動に着手しました。このことは、よく知られています。

けれども、よくよく考えてみると、これは奇妙なことですよね。江戸っ子（正確に言えば、上州系江戸っ子）たる新島が、縁故も基盤もない関西に住み着くというのは、そもそもありえないことです。なぜ、関西なのか、まずそれが問われるべきです。

京浜地方から締め出される

この点は、新島が組織の一員、つまり派遣社員のような身分で日本に戻って来た、もっと言えば戻されたことが、決定的です。アメリカン・ボードは、当時、東京や横浜には足場がまったくありません。なぜか。日本進出に遅れをとったからです。

他教派のミッションは、長崎や神奈川（横浜）が開港されるや、一八五九年にいち早くJ・C・ヘボンやG・H・F・フルベッキといった超一流の宣教師を日本に送ってきました。アメリカン・ボードの最初の宣教師、D・C・グリーン夫妻が横浜に着いたのは、それから十年してからでした。来日したミッションとしては、六番目、宣教師としては二十人目、という「晩生《おくて》」です。すでに京浜地方のおいしいところは、彼らによって「占拠」されていた後です。やむなく宣教師不在の関西に転じた、という訳です。

神戸が開港されるまで

当時、外国人が自由に住めるのは、関西では開港地の神戸と居留地の大阪（川口です）だけでした。神戸の開港は、長崎や横浜よりもずっと遅く、ようやく一八六八年のことでした。なぜ遅れたのか。天皇（朝廷）が安政五カ国条約を勅許したものの、神戸（当時は兵庫）の開港を渋ったからです。これに異を唱えた幕府（徳川慶喜《よしのぶ》）が、朝廷から開港の勅許を得たのが一八六七年。この結果、翌年にいたって、ようやく開港に漕ぎつけました。

同志社にとって興味深いことは、戊辰戦争（鳥羽・伏見の戦い）がその直後に始まっていることです。後に同志社の結社人となる会津藩士の山本覚馬《かくま》は、この時、幕府軍側で従軍し、敗戦を嘗《な》めました。新政府軍（薩長主導）に追われる身となった敗軍の将、徳川慶喜《よしのぶ》は、筆頭老中の板倉勝静《かつきよ》（かつて新島に快風丸乗船を許可した備中《びっちゅう》松山藩主）や会津藩主（覚馬が仕えた松平容保《かたもり》）らと、神戸沖に停泊していたアメリカ軍艦（イロコイ号）にひとまず身を隠しました。

ということは、慶喜は、自分が尽力した神戸開港という出来事の恩恵をまず自分自身で真っ先に享受したことになります。何時間か後、彼はようやく幕府の軍艦（開陽丸）に乗り込むことができ、無事に江戸に脱出したことは、よく知られていますね。

「マザー・ステーション」

こうした経緯から、グリーンの赴任地は、いまだ宣教師空白地帯の神戸に落ち着きました。慶喜が落ち延びた翌年のことですから、戊辰戦争や明治維新のドラマの影が、当時の神戸には生々しく残っていたはずです。

アメリカン・ボードの最初の拠点（ステーション）となった神戸は、その後、伝道拠点が各地に増えるにつれ、「母なる拠点」（the mother station）と呼ばれるようになります。これが、遠からず京都に新たな拠点（同志社です）が設置される「布石」となります。

ちなみに、グリーンは、これより十数年後に京都で山本覚馬と奇しき出会いを経験します。これは後述します。

大阪ステーション

新島に戻ります。彼の赴任地は、帰国前後の時点では神戸でした。が、その後、大阪ステーションに変更されました。彼と同時に日本に派遣された他のふたり（J・H・デフォレストとA・H・アダムズ）も大阪でした。ちょうど大阪を人的に補強する必要があった時です。

一八七五年の一月、新島は、デフォレスト夫妻と共に同僚のM・L・ゴードンの借家に迎え入れられます（同居は、以後、半年に及びます）。ゴードンは、新島の帰国を誰よりも首を長くして、待っておりました。新島はただちにゴードンに代わって、大阪の教会（摂津第二公会。後に梅本町教会。現日本キリスト教団・大阪教会）で仮牧師を務めます（以上、拙著『京都のキリスト教』三四頁、四五頁）。

たとえば、赴任三日目の日曜には、さっそく教会で礼拝説教を担当しています（『アメリカン・ボード二〇〇年』一〇七頁）。平日は、青年たちを家に集め、『真《まこと》の道を知るの近道』などの日本語トラクト（伝道用小冊子《パンフ》）を使ってキリスト教を教えたりしています（『創設期の同志社』一一一頁、同志社社史資料室、一九八六年）。この点も世の常識からずれています。なんで校長となるべき新島が、教会の面倒なんか見ているのか、道草を食ってるようで奇妙だ、という反応です。

一般的には、新島は帰国以来、ひたすら学校作りに邁進した、というふうに思い込まれています。ですが、彼は、もともと牧師、いや宣教師なんです。だから、伝道するのは、当然すぎる行為です。宣教師の本業は、伝道であって、教育ではありませんから。伝道（宣教）しない宣教師は、ミッションから見れば「月給ドロボー」です。

京都でもまず伝道

そのことは、新島がどこへ行こうと変わりません。翌一八七五年、彼は大阪のゴードン邸から京都に転出します。ゴードンあたりから紹介された山本覚馬（戊辰戦争後、京都府顧問になっていました）と京都でめぐり合います。これは、彼の人生の中でも、最大の幸運のひとつでした。山本から「誘致」されるような形で、思いがけなくも京都に同志社が立地できることになったからです。

新島はその際も、もちろん伝道活動を忘れてはいません。彼に対して、同志社創立者のイメージしか抱かない人は、「新島はいつも学校開校に全身全霊を捧げた」と信じて疑いません。教育以外の脇道に逸《そ》れているなんて、想像もできません。

けれども、事実は逆です。同僚であったJ・D・デイヴィスの証言があります。「一八七五年に彼〔新島〕が京都に来たときの最初の仕事は、安息日〔日曜日〕に自分の家で礼拝を開始し、男女から成る小さなグループにキリスト教を宣《の》べ伝えたことであった」（『京都のキリスト教』六三頁）。

「最初の仕事」が礼拝――そうなんです、この点が大事です。学校の設立に先立って、ちゃんと伝道に励んでいます。新島的には、これが正解ですよ。

教会の成立

もっとも、正式の教会成立そのものは、同志社の開校よりも遅れます。やはり「熊本バンド」の転入という出来事がなければ、無理です。同志社開校の翌年、信徒が多数含まれた、三十名を越える生徒、学生が、熊本洋学校から三々五々、来てくれました。このことが、一気に教会（当時は公会）が出来る契機となりました。しかも、ほぼ同時に三つです。

三つとは、京都第一公会（今出川公会、一八七六年十一月二十六日）、京都第二公会（新烏丸《からすま》公会、十二月三日）、そして京都第三公会（東竹屋町公会、十二月十日）です。それぞれ一週間の間隔をおいて、次々と組織されました。

ここで注目しておきたいのは、いずれも宣教師の借家で始められた、という点です。順番に申し上げますと、ラーネッド家、新島家、そしてE・T・ドーン家です。いずれも「間借り」状態、という変則的な発足です。なぜか。会堂建築の資金がなかったからじゃありません。知事の槙村正直が、独立した会堂を建てることを禁止していたからです。つまり、いわゆる「家の教会」という形態を取るしか、可能性はなかったのです。

ともかく、これらは立派に京都における最初のプロテスタント教会です。いまの平安教会と同志社教会の共通の祖先です。アメリカン・ボードがあって初めて教会が誕生し、維持できたのです。

学校も教会も

これで、同志社（新島）としても、ようやくミッションに対して面目が立つ、というものです。なぜって？学校を作る（教育活動）だけでは、ミッションから苦情が来ます。繰り返せば、宣教師の本業は、伝道ですから。

この点は、ボストンにあるアメリカン・ボード本部が抱く懸念でもありました。本部の総幹事であるN・G・クラークが同志社開校前後に、はっきりと不安を漏らしています。

日本の宣教師たちは、ミッションの仕事を純粋な伝道という枠《わく》の外に「あまりにも広げすぎる、という大きな危険性に陥っている」と見ています。同じことは、大学（カレッジ）設立計画に関しても言えます。

新島が夢見るキリスト教大学は、確かに早急に建設すべきではあるが、その運動は、当面の緊急事である「伝道を放り出す大きな危険性」に繋がる、という不安です（『京都のキリスト教』五一頁）。伝道優先が、鉄則です。新島のよき理解者、クラークにしてこうです。

新島の反論

これに対して新島は、教育と伝道の両立を理想としていました。だから、学校と教会の双方を大事にするという立場です。「自由教育、自治教会、両者併行《へいこう》、国家万歳」が、彼のモットーでした。教育が五十%、伝道が五十%です。

しかし、周囲の同僚は、必ずしもそうではありません。むしろ、大半の宣教師は、学校や教育にどちらかと言うと、否定的でした。

新島が見るところ、アメリカの信徒や指導者の中にもこうした傾向が見られました。伝道のために全米の信徒や教会から集めた貴重な献金を教育事業に振り向けるのは、本来の寄附目的に反する、というのです。これに対して新島は、ある時、アメリカの「或《あ》ル教友輩ハ、小生大学ノ企ニハ、大ニ懸念致し居《お》ルモノアルヨシ」と不満を漏らしています（④一六三）。

あるいは、こうも嘆いています。「アメリカの友人諸君の中には、われわれが軌道から外《はず》れ、もともとの学校計画からは無縁な何かを始めようとしている、と見る人がいるかもしれない」（⑦三六三）。

この点、同志社の宣教師たち、とりわけデイヴィスは、D・W・ラーネッドと並んで、新島の貴重な理解者でした（『同志社五十年史』一三八頁）。京都ステーションは、同志社と一体ですから、外から見ると、教育主体です。ですが、同時に伝道拠点でもあることを認識すべきです。新島やデイヴィスは牧師なんですから。

「家の教会」

この場合、同志社教会の存在と活動を見落とすと、誤解が生じます。その意味でも、教育活動（同志社）と同時に、新島の伝道活動（特に教会活動）をもっと注目すべきです。

先に、京都における最初の教会は、「家の教会」だと申しました。たとえば、第一公会を自宅で開いたラーネッド。彼に関しては、あまりにも学者や大学教授のイメージが強すぎるので、イメージを変える必要があります。

彼は、もともと牧師なんです。ですから京都第一公会は、彼の家庭で生まれ、仮牧師にラーネッド自身が就きます（⑥一七八）。洗礼も立派に施しております。一八八四年のある時の礼拝（五月四日）

では、いっぺんに二十七人に洗礼を授けております（『同志社教会員歴史名簿』一二頁、同志社教会、一九九六年）。

第二公会は、新島の借家でした。当然、新島が仮牧師です。この時にはすでに同志社を開校させておりますから、一見すると、校長が牧師を兼務しています。ですが、実際は、反対です。牧師が学校を開校し、その後、教会も開いた、と見るべきでしょうね。私たちの同志社教会は、基本的にこの第二公会を母胎にして誕生しました。

最後の第三公会。仮牧師のドーンが宣教師であることは、言うまでもありません。

以上をまとめると、要するに、最初の三つの教会の発足は、（熊本バンドの存在と並んで）アメリカン・ボード抜きには、考えられません。

第二公会時代の同志社教会

とりわけ、私どもの同志社教会は、発足の前も後もこのミッションの世話になることが、一番多かった教会です。

新島が京都で最初に入居した借家（岩橋家）は、もちろんボストンから送られてくる資金や給与で賄われます。狭い借家で「家の教会」を維持するのは、プライバシーの点でも不自由だから、というので、新たに自宅を建てるための資金が、ボストンから来ます。寺町通りに出来た建物が、今も残る「新島旧邸」です。

しかし、「家の教会」である限り、基本的な問題は、残ったままです。それで次には、自宅とは別に、独立した会堂建築のための資金が、送られてきます。幸運なことに、あい前後して知事の交代がありましたので、会堂建築が大ぴらに認められる時代になりました。

そこで、第二公会は、「新島旧邸」の南隣りに土地を買い、会堂を新築します。場所は、今の洛陽教会（日本キリスト教団）の所です。これが、京都で初めてのプロテスタント教会堂です。以後、数年間、第二公会はここを拠点にします。百三十四年にわたる私たちの教会の歴史の中で、（一八八六年に至る）この数年間だけが、独立した自前の会堂を持って活動した時期です。

ちなみに、この間に（一八八五年のことですが）、あの山本覚馬がこの公会で洗礼を受けています。授けたのは、宣教師のD・C・グリーンです。戊辰戦争直後に神戸に赴任したグリーンは、この頃、同志社の教員になっていました。京都での奇しき出会いです。

シアーズからの支援

以上の経緯の中で、見逃せない事実がひとつ。それは、「新島旧邸」と最初の教会堂の資金の出所《でどころ》が、J・M・シアーズというアメリカ人だ、ということです。じゃ、シアーズって誰か、です。

乱暴に言ってしまうと、新島の義理の弟です。このふたりは、共通してハーディー家のいわば「養子」なんです。新島がボストンでハーディー家に拾われた話は有名です。が、それ以前に、実はハーディー家は別の「養子」を迎え入れておりました。それがシアーズです。

シアーズは、もともとはハーディーが恩人と頼む資産家の遺児です。父親の死後、巨額の遺産とともにハーディー家に預け入れられました。シアーズは、長じてからは、実業界で成功を収め、資産をさらに増大させます。ボストンで多額納税者のトップを占め続けた時期がある、とも聞いております。

つまり、第二公会や新島牧師は、ハーディー家の人たちから支えられて、初めて伝道を展開し、教会を維持できた、というわけです。それに、ハーディー自身が、アメリカン・ボードの理事長であったことを思い出してください。ハーディー家とミッションとは、一体なんです。

同志社教会の発足

アメリカから援助を受ける、という傾向は、その後もしばらく続きます。一八八六年に今出川キャンパスに今のレンガ造りのチャペルが竣工すると、教会は寺町からここに移ります。アメリカに依存する体質は、継続します。

ちなみに、第二公会が出たあとの寺町ですが、「抜け殻」となった会堂は、他の教会に再利用されます。最終的には、今の洛陽教会が、この地を新島家（八重夫人）から購入し、会堂も新築します。だから、外見だけ見ると、第二公会が洛陽教会にそのままなったように見えます。けれども、この系譜は、明らかに誤解です。

寺町から今出川のキャンパスに教会が移った一八八六年という年は、私たちの同志社教会にとって、分水嶺ともいうべき画期的な時期です。しかも、二重の意味で、です。

ひとつは、教会の名称変更が行なわれた点です。それまでの京都第二公会が、そのものずばりの同志社教会になりました。これは、名称変更が中身の変化を示す好例です。「新しい革袋」には、「新しいぶどう酒」を、というわけでしょうか（「マルコによる福音書」第二章二二節）。

「まちの教会」から「学園教会」へ

いまひとつ、移転は、教会の性格を根本的に転換させました。どういうことか、と申しますと、第二公会は、それ以前は学外でしたので、基本的に「まちの教会」です。広く一般市民（住民）をも受け入れていました。というより、市民に向けて伝道が行なわれていました。

それが、学内に入りましたので、「学園教会」（カレッジ・チャーチ）に特化、というか変身しました。学園の関係者以外を拒否する、ある意味、閉鎖的な教会に変わりました。学園内部の伝道をひたすら受け持つ、極めて特殊な教会となったのです。

この結果、礼拝する場所を校内に移すことにより、再び、会堂を教会外部の他者に依存する、つまり入れ物は借り物、という時代に戻ります。

振り返ってみますと、初期は「家の教会」として、新島家に間借りする。それが、新会堂の建築でやっと自前の独立した会堂が持てた。喜こんだのも、つかの間、数年してまたまた借家生活です。以後、今日に至るまでわが教会は、一貫して学園の校舎を借りております。その起点が、一八八六年だ、ということです。

学園のチャペル

一貫すると言えば、建物に関する限り、アメリカン・ボードの支援もそうです。新しく会堂となったレンガの建物《チャペル》は、アメリカン・ボードの宣教師（同志社教員）、あのD・C・グリーンが設計し、資金もボストン本部から調達して建てられました。

第二次世界大戦に入ると、礼拝に出る人がだんだんと減り始めます。ついには、二、三人、という落ち込みもあったようです。それで、数百人以上入れる広すぎるチャペルから、クラーク神学館（今のクラーク記念館）二階の講堂（百五十人以下）に移ります。

この建物も、実は建設資金に関してはアメリカン・ボードがらみです。最近、そのことが分かりました（『アメリカン・ボード二〇〇年』二六四頁以下を参照）。

そして、戦後はキリスト教ブームの到来です。「進駐軍」（占領軍）の影響もあって、一転して教会に突然、人が押しかける時代になりました。同志社教会も例外ではありません。今度は、入り切れなくて、会堂変更を余儀なくされます。

同志社で最大の収容力を誇った栄光館（当時は二千人入れました）に礼拝の場が移されます。この建物も、資金の三分の一は、アメリカの篤志家からの寄付です。

以来、今日にいたるまで、ここが同志社教会のホームグラウンドであり続けています。場所的には、学園と教会は一体です。

アメリカン・ボードと同志社教会

以上、駆け足で現在まで話をつないできました。で、もう一遍、話を十九世紀に戻して、結論に移ります。

新島は宣教師でしたから、彼が校長であった同志社は、開校以後、アメリカン・ボードから物心両面の支援を豊かに受けました。同様に、新島は牧師、それも京都第二公会の牧師でしたから、京都第二公会の時代を含めて同志社教会は、ハーディー家やアメリカン・ボードからおおいに助けてもらいました。

ですが、教会の存在に関しては、学内でもあまり知られていません。同志社教会がどこで礼拝をしているのか、知らない人がほとんどです。アメリカン・ボード創立二百年を契機に、その辺《あた》りのことを、学園の内外におおいにPRして行きたいですね。新島が牧師であり、宣教師であったことも含めて、です。

それがアメリカン・ボードへのささやかな恩返しです。

（同志社教会・颪の会講演会、同志社女子大学頌美館ホール、二〇一〇年一〇月二四日）。

W・T・セイヴォリー船長
――新島襄を助けた三人の船長（一）――

セイヴォリー船長

「セイヴォリー家の聖書」、ご覧になりましたか。去年（二〇〇八年）の秋、ニイシマ・ルーム（本学今出川キャンパスの展示室）で公開されました。地元のマスコミでも話題になりました。

セイヴォリーって？　新島が日本（函館）脱出を敢行する際に、鍵を握っていた人物、それがウィリアム・T・セイヴォリー（W.T.Savory）です。世間的には無名の人です。が、ケーリ（O.Cary）教授（同志社大学）などは、生前、「アメリカの父」、ハーディー（A.Hardy）を越えるほどの大絶賛でした。「新島には恩人が多いといえるが、恩人セイヴォリー船長は、その筆頭に立つ人」とベタ褒《ほ》めです（O・ケーリ「新島襄と恩人セイヴォリー」八二頁、『同志社談叢』四、同志社社史資料室、一九八四年三月）。

「最大の恩人」かどうかは、しばらく置くとして、彼の遺族が所有していた聖書が、昨年十一月五日、アーサー・G・ブリガム氏から同志社社史資料センターに寄贈されました。

新島の署名入り聖書

ブリガム氏のことは前に紹介しました。セイヴォリー船長の四代目。現在、滋賀県大津市比叡平《ひえいだいら》に住み、同志社女子大学その他で非常勤講師として英語を教えておられるのも、奇遇です（拙著『錨をあげて』三八頁）。

同氏の尽力で家族聖書が、ようやく同志社のものになりました。交渉に四年かかりました。「ひょっとしたら将来、借用なり寄贈の形で、学内展示できるかもしれません」（同前、四二頁）と以前に書いたことが、やっと実現したのです。うれしかったです。

この聖書は、セイヴォリー旧蔵品、というだけじゃなくて、新島襄の署名が残る点でも、貴重です。新島はアメリカ留学中、何度もセイラム（ボストン北方の港町）のセイヴォリー家を訪ねています。帰国後も交信しています。が、これまで署名の件は、まったく知られていませんでした。

もらった聖書を開いて見ますと、中央の数ページが白紙で、戸籍簿よろしく家族の「誕生」、「死亡」欄になっております。その中に新島の署名が、混じります。つまり、家族、親族扱いなんです。ハーディー家はもちろん、ヒドュン家で「家族の正式の一員」として受け入れてもらった新島は（⑩六〇）、セイヴォリー家でもまったく同様の扱いを受けたことになります。

「新島約瑟」

ですが、署名に関して言えば、英語表記（Joseph Nee-Sima was born on Feb. 13,1844.）には謎が残ります。まず書体が、新島自筆のものとは異なります（前に紹介した時は、新島「自筆」としてしまいました）。それ以前に記入された家族の名前がみな同一書体ですから、おそらくある時期に同一人物により、整理（整書）されたんでしょうね。だからでしょうか、誕生日と誕生年に一年と一日の差《ずれ》が出ています。陰暦を陽暦に換算する際のミスでしょうか。

ともあれ、異字体であるという理由で、この署名は新島のものでない、とすることにも一理あります。が、状況証拠から見ても、これを書いてもらえる人は、新島以外にはとうてい考えられません。単純に代筆、と考えればいいんじゃないでしょうか。

一方、代筆が効かなかったのが、漢字署名です。日本語署名は「日本江戸　新島約瑟」と墨書されています。正真正銘、新島の直筆です。彼は留学中の一八六九年頃からこの「約瑟」を使い始めています（⑧五九）。音読みは実際にはどうなるのか、気になりますが、新島が希望する読み方は、「ジョゼフ」です。Joseph の漢字表記のつもりです。時には自分で、この名前に「ジョウセフ」とルビを振る場合があります。

A・S・ハーディーによる新島伝では

驚いたことに、ブリガム氏には、新島を助けたためにセイヴォリーが解職されたことは、「想定外」でした。新島と同志社のことを知って初めて知った事実《サプライズ》らしいのです。ということは、セイヴォリー自身が、子どもや身内にそのことをあまり伝承しなかった、ということでしょうか。

新島の伝記（一八九一年刊）をハーディーの三男（A.S.Hardy）が執筆した際も、あるいは同様であったのかもしれません。なぜなら、当時、セイヴォリー（後に見るように、著者はミドル・ネームを間違えています）はいまだ健在でしたので、取材、あるいは問い合わせをしたもの、と考えられます。が、船長の免職のことは、伝記にまったく出てきません。

興味深いことに、この伝記はセイヴォリーのことから書き起こされています。取材の成果を活かしたかったのでしょうね。書き出しは、こうです。

「一八六四年の夏のことである。長崎のトーマス・ウォルシュ会社（Thomas Walsh & Co.）所有の二本マストの商船、ベルリン号は、フレデリック・ウィルキー氏（Frederic Wilkie, Esq.）あての商用を帯びて、函館に到着した。同船の船長は、マサチュセッツ州セイレム出身のウィリアム・T・セイヴォリー〔実は、原文ではWilliam B. Savory〕だった」（⑩九）。

セイヴォリー船長の解職

ここから判明することは、ベルリン号がトーマス・ウォルシュ会社の所有船であったことです。これは大事な事実ですから、後で触れます。続いて、船長が新島のことを聞いたのは、ウィルキー（後述）からであった、ともあります。

セイヴォリーは、アメリカで教育を受けたがっている日本人のことをウィルキーから聞かされた際、危険性についても認識していたはずです。日本人を海外に連れ出したことが発覚した場合には、「ゆゆしい結果」（serious consequences）が起ることも同時に伝えられていますから（⑩九）。

つまり、船長は確信犯なんです。新島ももちろん、そのことは十分過ぎるほど、分かっております。

「自分の船をくびにされる危険を犯してまで」上海行きを敢行してくれた船長の義侠心には、すなおに感謝していますから（⑩四六）。

しかし、著者のハーディーは伝記の中で、「ゆゆしい結果」が現実のものになった点には、いっさい触れておりません。知らなかったんじゃないでしょうか。

実際には、セイヴォリーはトーマス・ウォルシュ商会から解雇され、新島より先にマサチュセッツ州セイラムに帰省を余儀なくされています。当時、セイヴォリーの周辺で、そのことを知っているのは、新島とH・S・テイラー船長（ワイルド・ローヴァー号）くらいでした（ちなみに、ハーディーが新島伝に取り組んだ時には、テイラーはこの世におりません）。

セイヴォリーの承諾書

セイヴォリーは確信犯、と申しました。それを傍証してくれる英文資料が、あります。セイヴォリーが福士卯之吉（後に福士成豊。函館において新島の密出国の手引きをした人物）に差し出したという「承諾書」（いわば、誓約書）です。ただし、何かと問題のある根岸橘三郎『新島襄』（二〇二三〜二〇四頁、警醒社、一九二三年）しか紹介していない資料だけに、信憑性《しんぴょうせい》については問題が残ります。だから、慎重な留保をつけたうえで、引用（日本語に私訳）します。

「スクーナー船のベルリン号船長W・Y〔T〕・セイヴォリーは、一八六四年七月十六日〔陽暦〕の夜、福士〔卯之吉〕氏の要請により、親切にも新島氏を上海まで連れ出す危険を犯す。夜の函館港で、セイヴォリーは福士氏に、福士氏の願いを実行する印としてこのネガ（negative）を手渡す」（同書、二〇三頁）。

ネイティヴの英語にしては未熟で、意味がすっきりと通りません。あるいは英語が多少出来た福士の作文かもしれません。根岸は「余の一身を賭《と》して、〔新島〕氏を上海に御同船まうすべし。この決意を表明する為《ため》に、余の影像を貴下に呈す」と訳しています。

それに、日付も（前に見たように）七月十五日でなければなりません。このように疑惑のある資料です。が、セイヴォリーが危険を十分に承知していたことだけは、承諾書の有無にかかわらず、容易に理解できます。

新島日記に見る解職騒動

船長の解職の件に迫ります。いったん上海から出港したワイルド・ローヴァー号が、業務を終え、再度、上海に戻った時です。日本からの情報がテイラー船長のもとに届いたようです。それが新島に即刻、伝えられました。新島が当時つけていた「航海日記」には、こうあります。

「ペートル」甲比丹《カピタン》が、自分を函館からここ（上海）へ連れ出したことが、「先船の主」の知るところとなった、彼は船長が日本の法律に違反したことを怒って、ペートルを「放逐《ほうちく》」し、他の船長と交替させた、ペートルは「船客」となってイギリスへ行った、とのこと（⑤四九）。

「ペートル」と書いているところなど、新島が英語を聞き取る力がどれほどか、想像できます。それはともかく、船長の解職を知った時の、新島の驚愕と悲しみ、さらにはショック、これは相当に大きかったでしょうね。そのことは、日記の続きからも窺えます。

「嗚呼《ああ》、予、先甲比丹をして、不幸に陥らしむるは、実に笑止千万之《の》事なり。然《しか》し、過去の事、如何《いかん》とも難し。多年、学成の後、彼に仕へ、万方其《その》恩を報せば、恐らくハ少しく予、罪を償ふに至らん」（⑤四九）。

新島が将来に期すものが何か、もよく伝わってきますね。渡米後の両者の繋がりの原点は、ここにあるような気がします。それが、先の家族聖書の署名にまで連綿と繋がっています。

トーマス・ウォルシュ商会から免職

めでたくアメリカに入国できた新島は、翌年、アメリカまでの航海記を「箱楯《はこだて》よりの略記」と題して、あらためてまとめています。そこにも、もちろんセイヴォリーの解職のことが出てきます。

「ベルリヨン号」船長が、長崎に戻ったところ、同地の「コンスル」が条約違反行為を行なったことを怒り、船長を「放逐」して、別の船長に替えた、というのです（⑩七五）。

先の記述との間に、目立つほどの大きな相違はありません。ただし、セイヴォリーを首にした人物が、違ってます。前者では、「先船の主」、後者では長崎の「コンスル」（領事）です。この違いは、見逃せません。いままで、この差異が問題にされたことは、一度もありません。が、興味ある事柄ですので、少し立ち入ってみます。

どういうことかと申しますと、実はオーナーとコンスルは、アメリカ人の兄弟なんです。ベルリン号を保有していた船会社は、トーマス・ウォルシュ商会でしたね。長崎でその会社を経営していたのが、トーマス・ウォルシュ（Thomas Walsh）とジョン・ウォルシュ（John Walsh）という兄弟です。

会社名から判断する限り、兄が社長で、弟が副社長（格）、といったところです。あるいは、共同経営も考えられます。一説には、この兄弟はホール（Francis Hall）という人物と組んで、ウォルシュ・ホール商会を組織した、とも伝えられています（Hamish Ion, *American Missionaries, Christian Oyatoi, and Japan, 1859—73*, p.133,UBC Press, 2009）。

不明な点はともかく、確かなことは、弟は二足のワラジを履《は》いて、商社マンの傍ら、アメリカ領事を兼務していることです。

ウォルシュ兄弟

だから、テイラーや新島が混乱するのも、無理ありません。セイヴォリーの解職には、「先船の主」（社長）と「コンスル」（領事）の双方が、すなわち彼ら兄弟が二人とも絡んでいるのです。

この点は大事です。ウォルシュ商会の社長、もしくは支店長（ないしはその兄弟）が、領事を兼務している以上、日本の法令違反には何らかの処置を取らざるをえなかったはずです。いや、場合によっては、先に弟（領事）が事件を問題視し、兄に適切な処置をとるように迫った可能性さえあります。

ちなみに兄は後に、神戸に転住しますから、墓は神戸北方の修法ケ原《しおがはら》墓地にあります。弟は、長崎で初代のアメリカ領事を務めている時に、日本人女性と結婚しました。だから、青山霊園で山口家という一家（妻の実家か）の墓域の中に、記念碑が立てられています。日英両語の説明文のうち、日本語の方を紹介します。

「吾等ノ祖父、ジョーン・グリーア・ウォルシュ氏、初代長崎米国領事就任一百年記念祭ガ、東京聖イグナチオ教会ニ於《おい》テ催サレタルヲ永ク銘記センガタメニ、之《これ》ヲ建ツ。　昭和三十四〔一九五九〕年十一月二十八日　山口家」。

繰り返しますが、この人物がセイヴォリーの解職に関しては、キーパーソンでしょう。

社長の交代

新島が密出国した翌年には、トーマス・ウォルシュ商会社長（支店長）は、交代しています。新たな社長は、アーウィン（Robert Walker Irwin）といいます。もしも、事件がこの新人社長（支店長）の在職中に発生していたとしたら、彼はセイヴォリーの犯罪をどう裁いたでしょうか。場合によっては、解任まで行かなかったかも知れません。領事との繋がりが少ない分、自分の判断で処分できたと思われますから。

ちなみに、弟のウォルシュは、明治維新後（一八七二年です）は、岩崎弥之助がアメリカ（コネチカット州）の男子校（Hall Family School for Boys）へ留学する手助けをしたと言います（*American Missionaries, Christian Oyatoi, and Japan, 1859~73*, p.133）。弥之助と言えば、岩崎弥太郎を継いで、後に三菱の大立者になる人物です。新島の大学設立運動にも共鳴して、五千円を寄附してくれたりしています。

福士はお咎《とが》めなし

トーマス・ウォルシュ商会の社長交代に関連して、ここで注目すべきは、福士卯之吉（後に成豊）の処遇です。セイヴォリーの犯行が、長崎の会社や領事にまで筒抜けであったとすると、函館、とりわけ居留地では新島の密出国は、公然たる秘密となっていたはずですよね。

にもかかわらず、密航を手伝った福士（や他の日本人友人）は、お咎めなしでした。少なくとも処罰された形跡はありません。なぜか。この謎は、いまだ誰も解いておりません。

福士が無実で終わったとするならば、セイヴォリーはいかにも不運、としか言いようがありません。過酷とも思える処置は、ジョン・ウォルシュというアメリカ領事の存在抜きには、私には考えられません。つまり、いち民間会社内部の独自の処罰であった可能性が出てきます。その場合、藩も幕府も「蚊帳《かや》の外」です。これが、福士の免罪を生んだ要因だった、と見るのは一方的過ぎるでしょうか。

渡米前の交流（函館）

ともあれ、新島の脱国渡米は、セイヴォリー船長の犠牲の上に成り立っています。不幸中の幸いは、船長自身が、このことでけっして新島を恨んではいない点です。かえって親近感を抱いております。

それも、テイラー船長の場合のように、半年以上にわたって生活を共にした、というのなら、まだ分かります。新島との船上生活は、セイヴォリーの場合、わずか一か月足らず、正味はせいぜい三週間です。

最初に会ったのは、一八六四年七月十五日のことです。新島日記によると、「築島」の「米利堅人《めりけんじん》の家」でアメリカ商船の「船頭」（キャプテンのことです）、「ウィルレム・セーウォル」と面会しています。新島は「彼《か》の国之《の》学問修行」と「地球を一周せん」ために渡米したい、と（もちろん）日本語で熱心に訴えました（⑤七二）。福士が通訳をしてくれました（⑩九）。

最初の会見場所となった「米利堅人の家」ですが、福士が雇われていたポーター商会（ポーターはイギリス人商人）と考えるのが、普通です（⑩九、注参照）。ですが、ほかには、新島伝に出てくるフレデリック・ウィルキーの事務所、とする見解もあります（⑧二三）。

フレデリック・ウィルキー

両方とも、いずれも函館の築地（居留地）にありますから、可能性があるわけです。しかも、福士が働いていたポーター商会の社長（A.P.Porter）がイギリス人であるのに対して、ウィルキーはアメリカ人です。だから、同国人としては後者の方が近い関係なんです。

A・S・ハーディーは、このウィルキーの名前を新島からではなくて、直接、セイヴォリーから聞き出した、と思われます。それだけに、今後の調査が必要な人物ではないでしょうか。ウィルキーが新島をセイヴォリーに紹介したとする記述は、「A・S・ハーディーの想像にすぎない」（『新島襄と恩人セイヴォリー』八四頁）と単純に切り捨てていいものでしょうか。

まったくの記憶違いならば別ですが、そう簡単に退けるわけにはいかないですね。たらいの水と一緒に赤子を流すような間違いは、避けたいですから。ウィルキーの名前の出所や彼の素性などを突き止めると、セイヴォリーや新島との絡みが、新たに出て来ないとも限りません。

渡米前の交流（上海）

函館から上海までの船上生活については、新島の航海日記などから、かなりのことがわかっています。そこで、詳細は省略し、上海での別れについてだけ見ておきます。

ベルリン号が上海行きであることは、新島も知っておりました。乗船前にセイヴォリーは、「上海まで連れて行く。上海ではアメリカ行きの船に乗れるように手配する」と約束してくれました（⑩九）。不可解なことに、ベルリン号が日本に戻ることは、新島には想定外のようでした。上海に着いて一週間もしてから（八月九日）、船が日本（長崎です）へ戻ることを新島は「ある水夫」から聞きました（⑤七三）。びっくりしたような受け止め方です。

そのことは、セイヴォリー自身の発言と不思議に符合します。二日後の八月十一日、テイラー船長へ新島を託す際に、セイヴォリーは、「此《この》船、無拠《よんどころな》き事件有之《これあり》、再ひ日本へ帰らねばならぬ故に」と述べた、と言いますから（⑤七三）。よんどころ無き「事件」って、いったい何か。大変気になります。

大胆に推測すれば、この時点ですでに函館出港時の犯罪が露見し、セイヴォリーは、長崎のウォルシュ商会から電報かなんかで召喚された、のではないでしょうか。新島をワイルド・ローヴァー号の船長に引き渡したこの九日に、セイヴォリーは新島と別れます。函館の出会いから、まだ一か月も経っておりません。

ボストンで再会

上海で別れた二人が、再会するのは、翌年（一八六五年）八月二十四日のことです。ワイルド・ローヴァー号はすでに一か月以上前に（七月二十日）ボストン港に着いています。一年以上かけて、ようやくボストンに入港できたとですが、新島は上陸（入国）できないのです。

身元引受人が見つかるまで、足止めをくらっていました。

そんな不安一杯の船中生活のさなかに、セイヴォリーは新島にわざわざ会いに、セイラムから来てくれました。まさに「地獄で仏」です。なぜって、新島が広いアメリカ大陸で、ともかくも知っている親しいアメリカ人と言えば、テイラーとセイヴォリーしかいません。ただし、後者は新島の入国には無力でした（和田洋一『新島襄』一〇一頁、日本基督教団出版局、一九七三年）。新島の日記には、その日の消息が生き生きと認められています。

「今日、我旧甲比丹《カピタン》、船ワイルト・ロウワルに来り、我を尋ねり。我、喜に堪へす。不覚《おぼえず》大声にて、我が旧貴船主哉と呼上り。船主も亦、我無異健全にして、此地に到れるを喜ひ、慇懃《いんぎん》に種々の話を為《なし》呉《く》れり」（⑤六八）。

新島の率直な喜びが、ストレートに伝わって来ます。よっぽど、嬉しかったんですよ。ただし、長崎で船長を失職した話は、日記には出てきません。当然、新島はその件に関しては、丁重にお詫びしたはずです。

セイヴォリーは、それに対して、「気にしないように」といった返事でもしたんじゃないでしょうか。いつまでも根に持っておったとすれば、わざわざボストン港まで会いに来ることも、しなかったはずでしょうから。船長の度量の広さが光りますね。まさに「その人格の深さが、もう一段と浮き彫りになる」ようなシーンです（「新島襄と恩人セイヴォリー」八五頁）。

セイラムで

その後、新島はボストンを拠点として、アンドーヴァーやアーモストで留学生活を送ります。したがって、セイヴォリーとの交流も当然、継続するわけです。

その間、新島は折りにふれてセイラムを訪ねます。判明している限り、少なくとも三度は行っております（逆のケースは、定かじゃありません）。

最初は一八七一年十月のことです。アメリカン・ボード第六十二年会がセイラムで開催された時です。新島はアンドーヴァーから、養父のハーディーは役員としてボストンから、それぞれ参加しました（⑧七九）。

この年会は、日本に派遣されるデイヴィス（J.D.Davis）が新島に初めて会った、記念すべき集会です（本書四一頁参照）。ふたりの出会いに際しては、感動的なシーンが見られたことも知られています（J・D・デイヴィス著・北垣宗治訳『新島襄の生涯』四一頁、同志社大学出版部、一九九二年）。年会は三日から六日まで行なわれています。その間、空き時間を利用して、新島は会場からすぐ近くのセイヴォリー家（最近、その場所がつきとめられました）に当然、足を運んだはずです。

二度目の訪問

年会が終わって二か月後の日曜（十二月三日）にも、新島は「セイヴォリーと日曜を過ごすために、アンドーヴァーからセイラムに行くかもしれない」といった内容の手紙を知人へ送っております（⑥九四）。実現しておれば、二度目の訪問です。

もしもこの時、セイヴォリーの所属する教会で一緒に礼拝を守っておれば、新島はセイヴォリーの教派がユニテリアン（後述）であることをすぐに認識できたはずです。が、後述するようにこの時点では、そうではなかったようです。だから、訪問できなかった、あるいは、訪問はできても、礼拝にはいっしょに参加しなかったのでは、と推測します。

次はいよいよ帰国する一八七四年です。留学生活最後の夏に、新島は「旧友にお別れを言うために」各地を巡ります。九月二十八日のプリマス訪問を皮切りに、アンドーヴァー、ダンヴァース、セイラム、マーブルヘッドを一巡しました（⑥一四一）。ダンヴァースというのは、テイラー船長の家がある街です（⑥二三六）。すでに船長は他界しておりますので、未亡人に挨拶するのが、目的です。

セイラムは、もちろんセイヴォリー家が目当てです。冒頭で紹介した家族聖書への署名は、この時のものではなかったでしょうか。歓談の結果、セイヴォリーの信仰について、新島には新たに重要な発見がありました。この点は後述します。

帰国後に「バード事件」

新島が帰国してからは、両者の交信はしばらく途絶えます。が、思わぬ「事件」がふたりを再び、強く結びつけます。バード（Isabella L. Bird）というイギリス人旅行作家（女性です）が書いた『日本における未踏の地』（*Unbeaten Tracks in Japan*, Vol. 1 & 2, John Murry, Albemarle, London, 1880）という本が、一八八〇年にロンドンで出版されます。この出版が引き起こした余波が、京都にまで及んできます。かりに「バード事件」と呼んでおきます。

どういう事件かと申しますと、書中にセイヴォリー批判が出て来るのです。しかも新島の証言として、です。この本は、当時、アメリカでもよく売れたようで、セイヴォリーも読んでいます。彼自身が問題の箇所を自分で発見したのか、あるいは、新島の周辺の者がまず読んで、セイヴォリーに知らせたのか、その辺りのことは分かっておりません。

恩知らず

経緯はどうであれ、セイヴォリーは、こともあろうに「あの」新島が自分を批判している、ということを知ってしまったのです。ショックでしょう、これは。「恩知らず野郎」というわけです。さっそく新島に抗議というか、真意を問いただす手紙を出します。それに対して、新島が回答、あるいは釈明する、といったやりとりが続きます。

実は、セイヴォリーという名前は、バードの本の中にはどこにも出ていません。ですが、知る人ぞ知るで、新島を知ってる人なら、誰でも人物を特定できます。こうあります。

「キリスト教を学ぶため、ならびにアメリカに行くために、という目的を抱いて、新島氏は蝦夷《えぞ》へ行った。やっとのことで中国行きの船に乗船できたが、アメリカ人船長が宗教について何も知らないことに失望した」(Vol. 2, p. 233)。

新島発言の波紋

一読して船長が誰であるか、新島の周辺の者にはすぐに分かりますよね。これはバードが新島を彼の自宅(今の「新島旧邸」)に訪ねた折のインタビュー記事なんです。ボイスレコーダーなんか、なかった時代のことですから、長い対談中の発言(三頁と十行もあります)が、はたして新島の発言通りに記述されているのか、という懸念は残ります。

けれども、この種の発言があったことまでは、否定できません。セイヴォリーにしてみれば、飼い犬に手を噛《か》まれたようなショック、というか裏切りでしょうね。

新島の釈明（一）

じゃ、はたして真相はどうか。新島自身の弁明、いや釈明を聞いてみましょう。八月一日に京都からセイヴォリーへ出した手紙（⑤二一二～二一三）は、まさに「心溢れるばかりの恐縮の手紙」です（「新島襄と恩人セイヴォリー」八五頁）。まずはご無沙汰を詫びた後、「貴方《あなた》のことは、決して忘れたことはありません」と神妙に断っています。

続いて「旧《ふる》い専制国家の鉄鎖（the Iron Chain）から私を解き放すために、私のためにあのような好意的で危険な行為をしてくださった紳士を忘れることは、不可能です。貴方は私のために危険な仕事をしてくださったのです」とあります。

感謝はさらに続きます。「貴方は実に私の恩人です。セイヴォリー船長は私に偉大なことをしてくださった、ということを胸の中で感謝するだけでなく、しばしば他の人たちに公言しました」。

詫び状を兼ねるだけに、新島としては過大と思われるくらい、船長への感謝を書き連ねております。「危険な仕事」を引き受けてもらった大事な恩人なのに、イギリス人女性の記述で傷つけられたと聞いて、すこぶる心外である、というのです。なぜか。

「件《くだん》の女性に、貴方が信仰に無智だとか、私がそれに失望した、といったことは、決して話してはいない、と確信するからです。彼女は誤解して記述しているに違いありません」。

新島の釈明（二）

こう書いて来て、次に新島は三つの証拠を列挙いたします。バードに語った内容を、あらためて自分の言葉でセイヴォリーに直接伝えよう、というのです（⑥二一三）。

一、たとえキリスト教を勉強したくても、当時の自分の英語力では無理。だから、船長が宗教について何も知らないからといって、私が失望するはずがない。

二、船長が私を非宗教的に取り扱ったことは、一度もない。彼は私に対して荒っぽい言葉をまったく使わなかった。逆に、親切に扱ってくれ、船室（cabin）に置いてくれた。数本の銀のスプーンを海に流してしまった時も、怒らず、寛大に許してくれた。

三、女性（バード）から船長の信仰を尋ねられた際、彼の信仰は正統的な会衆派（the regular orthodox）とは幾分違っているので、否定的に答えた。ただし、それに気がついたのは、前回、セイラムで船長と歓談した時であって、ベルリン号の船上ではない。当時は、船長が信徒であるかどうかを知る術《すべ》が、私にはまったくなかったので、失望する訳がない。

以上の証拠を列挙した後、新島はこう願います。「アメリカ人船長が宗教のことを何も知らないので、私は失望した」という発言を自分は決してしなかった。このことは、認めてほしい、と。

さらに新島は、バードその人に対して、ハーディーを通して事実錯誤を訂正してもらうように手配したい、とも付け加えています。

キリスト教よりも英語の勉強

先の釈明三点のうち、最初のものについて付け加えます。新島を自分の船に乗せたセイヴォリーは、新島の密出国動機について次のように理解していました。

「当時、彼〔新島〕の唯一の目的は、同胞のために聖書を日本語に翻訳できるようになるまで、英語を勉強することだった」（⑩一〇）。

聖書（キリスト教）よりも、まずは英語力を身につけたい、というのです。であれば、船長としても英語を学ぶ手助けをしてやれば、それでOK、ということになりますね。船長の信仰は問われません。新島が言うように、船長の宗教的「無知」に失望する以前の問題です。

それにしても、新島の手紙全体から受ける印象は、はなはだ「苦しい弁明」です（「新島襄と恩人セイヴォリー」八七頁）。

「バード事件」以後

これ以後の経過は、不鮮明です。セイヴォリーからの返事は、なんと一年半後（一八八三年三月七日付）ですから。かなりの冷却期間を経《へ》ています。なぜそんなに返事が遅れたのか。答えは簡単です。船長が「最後の航海に出ていて、不在だったため」です（「新島襄と恩人セイヴォリー」九二頁）。

その返信によると、ハーディーは新島の懇請を受けて、ちゃんとセイヴォリーに手紙を出していたことが、分かります。さすがに「アメリカの父」ですね。可愛い息子のためには、きちんと取り成しの労をとってますから。

これを受けたセイヴォリーから新島への返事には、バード事件に触れるような文言はひとつもありません。代わりに、「あなたからの親切な手紙」とか、「あなたの優しいお言葉、大変光栄に思います」といった実に好意的な表現だけが、目立ちます。

ちなみに、バードの本はその後も版を重ねますが、問題箇所は訂正されてはいません。セイヴォリーの「名誉」は、少なくとも紙上では回復されないままです。匿名だからいいようなものですが――

ユニテリアン

バード事件の底流には、双方の信仰の質の差が横たわっています。新島には、セイヴォリーの信仰（ユニテリアン）と自分のそれ（会衆派）は、「幾分違っている」という認識が、ありました。

船長がセイラムで所属していた教会は、第一教会と呼ばれ、教派はユニテリアンです（現在の名称は、端的に The First Church in Salem, Unitarian です）。元々は会衆派でした（本書四一頁参照）。と言うよりも、アメリカ大陸に誕生した最初の会衆派教会という、実に由緒ある教会なんです。創立はなんと、一六二九年です。一六二〇年にメイフラワー号がプリマスに入港してから、わずか九年後のことです。

その後、ボストン中心に発達した会衆派教会の中から、次々とユニテリアンに転化する教会が続出する時代が参ります。新島が世話になった人たち（あのハーディーを始め）は、殆んどが、正統的な会衆派の信仰や教理を守る立場に立っていました。ですから、新島もユニテリアンには違和感を抱いております。

伝統的な三位《さんみ》一体という教理を肯定するのか、それとも否定するのか、それが両者の最大の分かれ目なんです。時間の関係で、両者の詳しい違いは省きます（本書二二九頁、ならびに拙稿「新島襄と同志社が目指すもの」『三田《みた》評論』一一一七、慶応義塾、二〇〇八年一一月、を参照ください）。

セイヴォリーがユニテリアンであることを最初に明示したのは、井上勝也『新島襄　人と思想』（二六頁、晃洋書房、一九九〇年）です。晩年は保養のためフロリダ州に転居し、デランドで亡くなっています。彼の葬儀は、やはりセイラムの先の教会で執行されています（同書、二二三頁、二二五頁）。

二度目の渡米中に

再びバード事件に戻ります。これは、セイヴォリーと新島の友好関係にあやうく罅《ひび》が入りかけた事件です。したがって、その後も新島の心の中でしこり、というか蟠《わだかま》りとして残った、と考えられます。できれば、船長に直接逢って疑惑を解きたい、と願ったでしょうね。

事件の四年後（一八八五年）に、ついにその機会が訪れます。二度目の渡米中のことです。新島はイギリス（リヴァプール）からアメリカ（ニューヨーク）に着いた翌月（一八八四年十月）、さっそくダンヴァースとセイラムを訪ねております（⑤二二二）。

ダンヴァースでテイラー船長の未亡人と面談した後、「セーロル〔セイラム〕ニ恩人ヲ尋ヌ」と新島は書き残しています。が、セイヴォリーが不在のため、会えませんでした。「夫《それ》ヨリセーロルニ趣キ、是《これ》モ同ク廿一年前ニ日本脱走ノ時、箱館ヨリ船ニ乗セ、支那《しな》迄連レ行カレシ船将ノ家ヲ尋ネシニ、生憎《あいにく》、船将ハ当時〔現在〕航海中ニテ家ニオラズ、其《その》細君ハ去年、死去セラレシ。気ノ毒千万ト思ヒ、空《むなし》ク帰レリ」（⑤三三二）。

釈明の機会を奪われた落胆振りが、こちらにもよく伝わってきますね。けれども、新島はもちろん諦めません。リベンジを敢行します。翌年（一八八五年）夏、ついに再会を果たします。七月四日、テイラー船長宅を訪ね、四泊した折のことです。その間（七月七日）に一度、セイラムにも出かけています。その時の消息は日記、ならびに妻（八重）宛の手紙から判明します。

最後の面談

まず日記（英文）です。「七月七日、火曜日　セイラムに九時十四分に行く。エセックス通り一〇九を訪ねる。セントラル・ステーション近くのウォーター通りへ行く。ラングメイド氏〔不詳〕が三時間待つ。ウィリアム・T・セイヴォリー船長に面会。クラブ・ハウス（Club House）で船長、ラングメイド氏と夕食。ボストンへ行く」（⑦二五五）。

ついで、留守宅（八重）へ出した手紙です。

「去る七日には、テーロル氏之所より二里程の町なるセーロムと申す所に（之《これ》は、東大の教師たりしモールス氏〔E.S.Morse〕の郷里）参り、私を日本より盗み出し呉候《くれそうろう》一小船の甲比丹、セーヴォリー氏に面会し、永く昔話なして、互ひに喜び申《もうし》候……」（③三五三）。

この手紙は原物が所在不明です。柏木義円が筆写したものしか残っていません。だから、これ以降の本文は、残念ながら省略、というか筆写が許されなかったようなので、不明です。そのため、肝心のバード事件の顛末《てんまつ》が分からないのは、実に残念です。新島にとって不利なことでも書いてあったのでしょうか。とは言え、信頼回復が実現したことだけは、十分に推測できます。

福士に宛てたハガキ

ちなみに、問題の根岸橘三郎『新島襄』（二〇四～二〇五頁）には、一八八五年四月にセイヴォリー船長に面会した新島が、福士へ出したハガキの文面が紹介されています。人名表記や面会日、ならびに住所（後述）が事実と相違しているなど、これまた偽物臭い匂いがします。だからでしょうね、『新島襄全集』には採録されていません。が、この種のハガキが送られても不思議ではないので、参考までに紹介しておきます。

「前略。米国にては小生を日本より連れ出し呉候も、甲比丹セボリー氏を相尋ねて、同氏方に一両日滞留。縷々《るる》昔話をなし、又、貴兄の事など相《あい》談じ、甚《はなはだ》相楽しみ申《もうし》候。同氏も久々にて相尋候故か、殊《こと》の外喜び呉候。同氏は、当時〔現在〕はユーヨーク州ブルックリン府に滞在被在候。

新島襄

福士成豊《なりとよ》〔卯之吉改め〕賢兄」。

前述したほかにも、「一両日滞留」（事実は、テイラー家に四連泊）など事実誤認が散見されます。ですが、ブルックリンの住所（時期が早すぎるとは言え）に言及している点など、なかなかの情報通です。

帰国後の交流

セイヴォリーと念願の再会、面談をすませて、新島はすっきりした気分になって秋に帰国した、と考えられます。ただし、「宿題」をもらっての帰国でした。後述するように、日本の金貨を一枚、送ってほしいというのです。

新島は日本に帰国し、一段落すると（一八八六年一月か）、セイヴォリーに手紙（所在不明）を出しました。その返事（「新島襄と恩人セイヴォリー」九二頁以下）を二月二十日にセイヴィリーは、認めています。

それによると、最後の航海を終えて陸《おか》に上がったはずの船長ではありましたが、新しい仕事がなかなか見つかりません。そこで、「あまり気乗りはしないのですが、もう一度、海に出ざるをえないのでは」と弱音を吐いています。

セイラムからブルックリンへ引越す

もう一点、見逃せないのは、引越しです。セイラムからブルックリン（クインシー通り一二二一番）へ移っています。しかも、五月一日には再度、転居することになっています。

この封筒には、新島自身の筆で、受けとった日（四月三日）と返事を出した日（九月六日）が書き入れられています。五か月後の返信とは、奇妙です。新島の反応は、ちょっと鈍すぎますね。

ブルックリンでこれを受理したセイヴォリーは、十月十六日に返事を書きました（「新島襄と恩人セイヴォリー」九四～九五頁）。依然として失業中です。不本意ながら、船に乗ることも選択肢に入れてみたものの、それでも就職口がない、と嘆いています。

「かなり意気消沈」というか、弱気になっています。その証拠に、ついには、新島にも就職の斡旋依頼に及びます。「日本では如何《いかが》でしょうか。そちらで何か私にも職が見つからないものでしょうか」。

この辺《あた》りになりますと、「熊本バンド」のことが、想い浮かびます。帰国後、不遇な生活に陥った恩師のジェーンズ（L.L.Janes）のために、彼らは募金活動や就職活動を展開します。ついに、ジェーンズは、教え子の小崎弘道たちが探してくれた仕事（京都・吉田の第三高等中学校の英語教員）に就くために、再来日して京都での生活を始めます。

セイヴォリーの場合は、たとえ新島校長でも、同志社に雇用する術《すべ》はなかったようです。

大判、小判をプレゼント

手紙の最後は、かねての「宿題」の催促です。「もう小判は見つけて下さいましたか」。この封筒に、新島は受理した日付（十一月二十五日）と、「黄金小判ハ已《すで》ニ呈ス」というメモ書きを残しています。

すでに送った、と書きながら、次に見るように、金貨を送ったのは翌年（一八八七年）春になってからです。この点は、どう理解すべきか。二度目の注文なのか。それとも途中で紛失、あるいは盗難事故でもあったので、改めて再送する、ということなのか。考えにくいことですが、催促状ともいうべき一年前の手紙に、あとでメモ書きした、とでもいうのでしょうか。

ともあれ、新島がたしかに金貨を送ったのは、セイヴォリーと約束をしてから二年後になります。詳しく申しますと、一八八七年三月に東京出張の際、神戸から出港し、横浜に着いた時に、彼はアメリカに帰国する女性宣教師（F.A.Gardner）に金貨（大判と小判の二枚です）を託します。この件を横浜からセイヴォリーに報じる手紙（⑥三〇七〜三〇八）には、「貴方への敬意のささやかな印として受け取っていただきたいと願います」とあります。

さらに新島は、件《くだん》の女性宣教師が直接、金貨を届けられなければ、ブルックリンに住む彼女の姉妹の家に出向いて受け取ってほしい、と依頼しています。前述したように、セイヴォリーはこの頃、ブルックリンに居を移しております。

このときのやりとり、これが最後です。その後の両者の交流を窺わせるものは、三年後に新島が死去するまで、何も残っておりません。

さらにトランクやデスクも

それにしても、新島は金貨の運送に関しては、えらく慎重な姿勢をとってますね。郵送や宅配じゃなく、あくまでも手渡しで、というのですから。よほど値が張る「お宝」だったのか、あるいは、単に運送費を浮かすためなのか、それとも、それ以前に何か不幸な事故でもあったのか、です。

プレゼントと言えば、新島が贈ったものは、今でも遺族のところにあります。家族写真はもちろん、夫婦用の蓋《ふた》つきの湯飲みと受け皿（いわゆる夫婦《めおと》茶器）を孫が大事に保有していることが、確認されています（「新島襄と恩人セイヴォリー」八八頁）。

最近になって、家族聖書や前に紹介した船長用トランクのほかに、「お宝」がまた出てきました。ポータブル・デスクを遺族が保管していることが、分かりました。船中に持ち込んで使う小形デスクです。中に新島の署名入りのメモがある、とのことです。

新島が船長に贈呈した可能性があります。表面に象のレリーフが掘り込んであるので、どこかのお土産じゃないか、と思われます。聖書と違って、こちらは遺族から譲ってもらえません。ですが、トランク同様、粘り強く「おねだり」して行くつもりです。

それらは、ふたりの交わりの深さと濃さを象徴的に示すものです。新島を義侠的に、自分を犠牲にしてまで助けてくれた船長は、実に立派です。一方、そういう気持ちを相手に抱かせるキャラ、というか人柄を新島が持っていたことも、事実です。これまた、立派です。

どこに行っても「朋友」に恵まれる、と新島は言っております。その典型的な例のひとつが、セイヴォリーとの交遊です。


（二〇一〇年二月一日）

H・S・テイラー船長
——新島襄を助けた三人の船長（二）——

「アメリカの父」

新島襄の人生でアメリカ最大の恩人は、誰か。もちろんA・ハーディーです。新島自身も、「小生ニ取リ、米国第一之《の》良友」と言っています（③四七八）。また、「アメリカノ父」、「米国之慈父」とも呼んで、感謝しております（⑤二九九）。いわば、「養父」ですね。

新島は後年、自分の名前を英語ではJoseph Hardy Neesimaと綴ります。「ハーディーの息子」を自称するわけです。

新島の帰国に際して、ハーディーが「養子」ともいうべき新島に、この名前（特にミドル・ネーム）を与えた、と考えられます（拙著『魂の指定席』一四～一六頁）。これに関しては、逆の見解もあります。新島からオネダリした、という説です。

ハーディーの方から、「ハーディーを名乗りなさい」と言うことは、まずない。それほど彼は「傲慢」じゃないから、というのが、その理由です（北垣宗治「真下五一『小説　新島襄』を読む」六七～六八頁、『新島研究』一〇一、同志社社史資料センター、二〇一〇年二月）。

ミドル・ネーム

ですが、ハーディーの提案は、ほんとに傲慢な気持ちからなされたんでしょうか。けっしてそうとは思えない。思いやりからでしょう。キリスト教が解禁されたばかりの日本へ、宣教師として戻すに当って、ハーディーは、それまでわが子のように可愛がってきた新島を何とか守りたい、と思ったはずです。

ハーディー家の一員を名乗ることが、息子のためになる、という信念、あるいは「親心」です。ハーディーの知名度からすれば、この名前は、アメリカのキリスト教社会はもちろん、少なくとも、在日の宣教師たち（特にアメリカン・ボードの）の間では、一種の神通力《オーラ》を帯びます。すごい付加価値です。アメリカン・ボード理事長の息子に当たるわけですから。

「アメリカの兄」

ハーディーの持つ力は、H・S・テイラー船長にも及びます。ハーディーは、同郷（ケープコッドのチャタム）のテイラーを自らが経営するハーディー商会に取り立てて、船長をさせます。テイラーが船長を務めたワイルド・ローヴァー号、この船こそが、新島を実際にアメリカに連れてきた船です。

つまり、W・T・セイヴォリー船長からバトンを受け継ぎ、ボストンにゴール・インさせたのが、テイラー船長です。彼のおかげで、新島はあこがれのアメリカ、それもボストンに着くことができました。そればかりか、船のオーナーであるハーディーという、これ以上はないと思われる支援者も紹介してもらえました。

新島にとって、実父の民治《たみじ》は「肉体之父」でした（③四七八）。それに対して、ハーディーは「米国ノ父」です（②四〇八）。ならば、テイラーは「アメリカの兄」です。彼もまた、新島には、「至而《いたって》深切〔親切〕なる人」でした（③三二）。

留学中、夏休みになると、新島がチャタムへ遊びに行ったことは、よく知られています。テイラーの実家です。新島は、同地で家族同様の歓待を受けています。

なぜ Joe か

そもそも新島の日本語名、「襄」が、英語名の Joe に由来することは、さすがによく知られています。Joe の名づけ親は、テイラーです（⑤四三）。日本名で呼べなかったからです（⑩四七）。それをさらに Joseph に変えたのが、ハーディー夫妻です。新島が証言しています（⑩四七）。一方、彼が他の所で「ジョーゼフ」の名づけ親をテイラーとしているのは（⑤七四）、もちろん間違いです。

テイラーが上海で新島に会ったとたんに、なぜ Joe と名付けたのか。これは謎です。なかには、旧約聖書に出てくるヨセフ（Joseph）をモデルにしたのでは、という見方もあります。

これはうがち過ぎです。それほど深い理由があるとも思えません。ある辞書には、Joe は「平凡な人にとられる仮名」で、「日本語の太郎に当たる」とあります（『ランダムハウス英和大辞典』第二版、小学館、一九九四年）。とすると、John でも Tom でもよかったんです。

これを裏付けてくれる資料もあります。新島の母校が出している機関誌に、新島の記事が出ています。名前に関しては、こうあります。

Joeというのは、「ケープコッドの住民〔つまりテイラー船長〕には親しみのある、ほとんど品のない愛称（almost indecent diminutive）」である。そんな見苦しい名前は、ボストンのような「文明の中心地（the Hub）のまっとうな雰囲気の中では、もちろんとうてい許されるような代物ではない！」。だから、「"Joe"は、"Joseph"と呼び代えられて、体裁《かっこ》よく世に出るべきである！」。そこで、典型的なボストニアン（ボストンの住民）たるハーディーは、名前をJosephに変えざるをえなかった、というのです（E.C.Boyton, Joseph Hardy Neesima, A Sketch, p.17, *The Phillips Bulletin*, Oct. 1927）。たしかに、ハーディーにしてみれば、「隣家」の州議会議事堂が、「宇宙の中心」（The Hub of the Universe）と呼ばれたりするんですから、それなりのステータスも無視できません。

一方、新島夫人の八重は、Joeは「大変侮蔑の意味だったので」改称された、と理解しております（永沢嘉巳男《かみお》『新島八重子回想録』一〇一頁、同志社大学出版部、一九七三年）。間違ってはいませんが、これはちょっと考えすぎ。要は、Joeでは軽すぎたのです。

テイラー・ホール

新島の英語名の名付け親は、テイラーとハーディーということになります。だから、ふたりの恩人の名前を本学のどこかの建物か施設につけたい、と私は前から考えておりました。

そうしたら、ついに好機がやってきました。寒梅館が建てられた時、大学は館内の大ホール（コンサート・ホール）と小ホールの名前を公募しました。私はさっそく、前者を「ハーディー・ホール」、後者を「テイラー・ホール」とする案を応募しました。

勝敗は一勝一敗でした。ハーディーは当選、テイラーの方は落選です。決まった名称は、「ハーディー・ホール」と「クローバー・ホール」でした。

これ以後、幸いにもハーディーの知名度は上がりました。が、テイラーはいまだに「誰っ？」のままです。彼が船長をしたワイルド・ローヴァー号の方が、学内ではまだ有名かもしれません。

一方、テイラー家には、新島に関する伝承が、いまも絶えていないらしく、時に子孫が同志社を訪問されます。ごく最近では、二〇一〇年四月一日に来学されたアメリカ人女性（Holly A. Ingraham）です。テイラーの姉妹の曾孫に当たるそうで、現在はカリフォルニア大学サンフランシスコ校の生物学教授です。

五人のテイラー

彼女の縁戚にあたるテイラー船長を始め、実は、新島伝には少なくとも五人のテイラーが出てきます。で、へたをすると、取り違えられます。混乱が生じます。新島が接触した順番で行きますと、トップが、われらのテイラーです。

二番手が、フィリップス・アカデミー校長のS・H・テイラー。アカデミーでは、新島はすごく可愛がられました。校長が住んだ住宅や彼の墓は、校内に現存しています。

三人目は、アカデミー時代に通ったオールド・サウス教会（アンドーヴァー）で伝道師（deacon）を務めたE・テイラーです。彼の本職は、アカデミーやアンドーヴァー神学校の会計（事務長でしょうか）でしたので、新島は教会と高校の両方で、世話になりました。

四人目は、J・L・テイラー。アンドーヴァー神学校（大学院）の教授です。院生時代の新島の指導教授であった可能性もあります。

そして、最後は、W・テイラー。帰国後に日本でいっしょに仕事をする医療宣教師です。アメリカン・ボードから大阪に派遣されますが、同志社開校後は京都に転じ、一時期、教員でした。

このように並べてみますと、新島の周辺はテイラーだらけです。まして、夫人や家族、さらにはその他のマイナーなテイラーを入れると、二桁です。その結果、テイラー船長は、放っておけば「テイラーのひとり」として、テイラー群《たち》の中に埋没してしまいます。だから、ここはどうしても「テイラー・ホール」か「テイラー・ハウス」が必要です。

なぜか。複数のテイラーのうち、新島が兄のように慕い、もっとも親しい関係を保てたのは、この船長だけです。あとの人は皆、新島にとっては先生格のエライ人ばかりです。

船長へのお願い

それに、働きから言っても、テイラー船長は抜群です。上海でテイラー船長が率いるワイルド・ローヴァー号に「珍らしい人間の積み荷」(unusual bit of human cargo) として拾われたこと (Joseph Hardy Neesima, A Sketch, p.17)、これがその後の新島、ひいては同志社の骨格を決めます。だから、「すべては上海でほぼ決まった」と言っても過言ではありません (拙著『錨をあげて』四九頁)。新島は後にこう回想します。

「多くの苦労の末に、私は上海に向かうアメリカ船に乗り込みました。上海の河口に到着ののち、ワイルド・ローヴァー号に移り、約八か月間、中国沿岸を往来しました。神のご加護のもと、四か月かかって、ボストン港に着いたのです」(⑩一七)。

新島はテイラー船長に初めて会った時に、すぐに自分の希望をたどたどしい英語で、伝えています。言いたいことは、「アメリカに着いたら、どうかぜひ、学校にやって下さい。よい教育を受けさせてください」の一点張りです。

そのためには、新島は船長のために何でもするつもりでした。「私は力の限り、船内で働きますし、賃金をいただくつもりはありません」。

新島の純な気持ちは、船長に通じました。「船上では、自分の召使 (his servant) にしてやろう。そして、アメリカに戻ったら、お前を学校にやってやろう」と言ってくれました (⑩一七)。

キャビン・ボーイ

新島はそれから八か月間、キャビン・ボーイとして、船長の身の回りの世話をしました。もちろん、無償です。こうした仕事や雑務は、誇り高いサムライがするものじゃありません。本人も、「僕《しもべ》ノ位《くらい》」、そう、家来だから、ご主人さまから「命セラレシ」事は、やらざるをえなかった、しかし、「心平《たいら》ナラス」であった、と述懐しています（②一〇九）。苦しかったでしょうね。悔しかったでしょうね。

でも、船長は、このボーイには概して優しかったようです。衣服や、帽子、靴などを買ってくれました。船上では、航海日誌のつけ方を始め、緯度や経度の測り方、それに航海術なども教えてくれています（⑩一七）。

まるで兄弟

だから、長い航海を通じて、二人の間には、まるで兄弟のような信頼関係が生まれました。年齢差は十四歳です。

船長への信頼については、新島にいくつもの証言が残っております。

（一）「船主、頗《すこぶる》温和にして、我を役《えき》するに甚慇懃《はなはだいんぎん》なり」（⑤四三）。

（二）「航海中、最も楽しかったことは、船長と一緒に毎日、船の位置を計算することであった。彼は私に対して非常に親切で、まるで自分の兄弟の一人のように扱ってくれた。彼は私にむかって、不機嫌な言葉を用いたことは、一度もなかった」（⑩四八）。

（三）船長は弟の身を案じるかのように、水夫（中国人が主体でした）に近づかないように、と注意してくれた（⑩四八）。

これらを見れば、ふたりの（兄弟！）関係が良好だったことは、まず疑いようがありませんね。ただ「己《おのれ》の子の如《ごと》く」対応してくれた、と新島自身が話す場合も時にはあります（③四五～四六）。

留学か労働か

航海中、新島はこの船長にアメリカに到着したら、留学できるかどうか、しつこく、問い続けました。船長は、「ひょっとしたら、この船のオーナーが、ボストンで働き口を見つけてくれたり、教育を受けさせてくれたりするかもしれない」と言って、新島を安心させようとします（⑩一八）。けれども、船長のこの推測は、新島にはむしろ不安材料でした。ボストンに着く直前、新島は自分の正直な気持ちと必死の願いを文字に認めてメモにし、船長に手渡しました。その内容とは――

船のオーナーは、大変に親切な人のようです。が、私を学校にやるために必要な多額の費用（月に二十ドル、と新島は計算しています）を支払う見返りに、私に労働を命じるのではないだろうか。そうなれば、自分は十分な勉強ができなくなる。渡米の意味がなくなってしまう。

「知識を得ることを望んで」、あんなに皆《みん》なに大きな迷惑をかけて日本を出奔した以上、働くだけで終わる生活は無意味である。それを考えると、「頭がとろけるほど」心配で、ついには、「まるで気がおかしくなりそうである」。

こうした不安から、自分を救い出してくれるのは、「船長以外にはない」。自分が出国した大目的が完遂できるように、ぜひ、オーナーに取り入っていただきたい。

「私が願うのは、ハーディーさんが食事の余りを私の食物として与えて下さること、古着一枚を私に与えて下さること、私の勉強のためにインクやペンや紙を下さることなのです」（⑩一九）。

ボストン入港

ボストンに入港しても、新島はすぐには入国できません。ちょっとした買い物ならば、上陸は出来ます。たとえば、入港して六日目、船長に連れられてボストンの街に出かけ、「上衣、中衣、股引、冠り、足袋等」を買ってもらっています。総額で十七ドルの買い物です（⑤六七）。

新島には学資を出してくれるスポンサー、あるいは身元引受人を見つけることが、先決でした。そうでなければ、上陸（不法入国）しても意味がありません。彼には、留学のためとは言え、働くという発想は、ないも同然でした。

テイラーは、ボストンに着くや新島に船番を命じて、チャタムへ帰省してしまいます。置いていかれた新島は、船上でひたすら彼の帰りを待たされます。最初の新島伝の作者、P・F・マッキーンによれば、船長は「十週間」帰ってこなかった、と言います（北垣宗治『新島襄とアーモスト大学』七四頁、山口書店、一九九三年）。

三か月後に、船長はようやく船に戻ってきました。しかも、スポンサーを見つけた、との朗報を携えて、です。「船主のハーディーが、君を学校へやって下さり、一切の経費をまかなって下さるかもしれない」と聞かされた時、「私の両眼は、涙にあふれました」と新島は回想しています（⑩一八）。

ハーディーとの巡り合い

ひとまずは、第一関門突破です。これに関する新島の証言を三つ、紹介します。
(一)「それ以後、私の親代りとなって下さった方に私を紹介してくれたのも、船長だった」(⑩一〇八)。
(二)「船長の親切によって、私は船の持ち主とその夫人に紹介された」(⑩四八)。
(三)船長は、自分をオーナーに「逢せ呉候」。十月十一日のことです(④三二)。
新島はテイラーと共に「小蒸気船」に乗船してボストンに上陸し、テイラーとはそこで別れます。ついで、「船番」に「ポルチェス街」(Purchase St.)の「船子家《ふなこや》」(海員ホーム)まで案内されます(⑤六八)。「船番」が誰なのか、不明です。ハーディーのことならば、「船主」と書くでしょう。けれども、ハーディーが、ワイルド・ローヴァー号からボストン市内へ新島を連れ出した可能性も、ゼロじゃありません。

「ボストンの一貴人」

そのことは、新島の次の記録からも、窺われます。「波士頓《ボストン》之《の》一貴人、ハルデー君ハ、此《この》船、ワイルド・ロウアル之《の》持主にして、或《ある》日、船見聞に参り、我の志、如何を尋し(中略)。彼深く、吾の志を愛し、早々上陸せしめ、波士頓《ボストン》の船宿に三値日之間、逗留せしめ」た。けれども、会話では英語が十分に通じないので、新島は海員ホームに寝泊りして、「脱国の理由書」(Why I departed from

Japan?）を三日間かけて、書き上げます（⑤七八～七九）。

実は、これ以前にもハーディーは一度、船見聞に来ております。新島が「此《こ》ノ船ガ港ニ着セシ数日ノ後、君ハ一寸《ちょっと》、船迄見へマシタ」と証言していますから（②四一七）。しかし、（後述もするように）その時は、新島と面談する機会はなかった、と考えられます。

この点に関して、ハーディーの息子は、新島伝の中で実に紛らわしい記述をしています。父親がこの時、さも新島に会ったかのような書き方です。こうです。「ボストン到着の後しばらくして、テイラー船長は船の持ち主に対し、一人の日本青年を連れてきたこと、その男性はしきりに教育を受けたがっていることを報告した。そこでハーディー氏の指し図で新島が呼びにやられた」（⑩一〇）。

会ったのは、二度か

これを根拠に、ボストン入港直後に新島は、ハーディーにまず会った、とする新説（新解釈）が出てきました。七月下旬、ついで十月十一日の二回会った、というのです（太田雄三『新島襄』八八頁、ミネルヴァ書房、二〇〇五年）。これは、ハーディーの息子が言う「しばらくして」と、新島が言う「数日ノ後」を同一時期と早まって即断したために起きたミスです。「しばらくして」は、「三か月を経て」と解釈すべきです。

新島が書いたものにも、この点を裏付けてくれるデータがあります。彼は、ボストン入港の「数日ノ後」に、ハーディーが「一寸船迄見へマシタ」とは記すものの、自分に会ってくれた、とは書いていません。新島が「ハーディー君ニ面会スルヲ得」たのは、それより「又数週ヲ経シ後」のこと、と明言しています（②四一七）。

にもかかわらず、この新島の記述だけを典拠に太田氏は、「ここに新島がハーディーに二度会ったことが出てくるのは、重要である」と指摘されます。つまり、ハーディーは「数日ノ後」に、わざわざ「新島に会いに船までやってきたのであろう」という解釈（というか、推測）です（『新島襄』八九頁、傍点は本井）。

この想像をもとにして、次のような結論が出されます。この時点で、ハーディーが新島に、アメリカに来た事情を英語で書くように指示したので、例の理由書は、その後三か月かけて作成された、とする解釈です

会ったのは一度だけ

はたして、そうか。自分の持ち船が、一年におよぶ大航海から無事に戻ったのです。船主は当然、港にまっさきに駆けつけて、乗組員の労苦を労《ねぎら》ったり、船長から報告を受けたり、あるいは積荷や船の点検、その他、さまざまな確認をする。こうした船見聞は、船主としては当然のことでしょう。それ以外のこと、とりわけ、途中で予定外に積み込んだアジア人のことなど、（たとえ船長から報告があったとしても）この時点では、ほぼ問題にならなかったはずです。

ボストン港内での積み荷の上げ下ろしが一段落してから、テイラーはハーディーに説得を試みたと

思われます。手を代え、品を代えといった具合に、さまざまな形で、折衝したことでしょうね。当然、時間がかかります。そのうえ、ハーディー夫妻も夏休みをとって、別荘に行き、避暑生活を楽しんだはずです。

ともあれ、しばらくしてから、新島の世話をしてもよい、との内諾がようやく取れたので、新島はハーディーと直接に会えるようになった、と思われます。今の「就活」風に言えば、最終の社長面接（試験です）に漕《こ》ぎ着けるまでには、それ相当の時間が必要だったはずです。

したがって、二度会ったという「太田氏の新説は、当っているかもしれないが、私はやはり新島が〔脱国の理由書を〕三日間で書き上げた、という〔これまでの〕見解に立つ」とする北垣宗治氏の立場は、問題です。大田批判としては、いかにも中途半端です（北垣宗治「太田雄三氏の『新島研究』を読む」二七四頁、『新島研究』九七、同志社社史資料センター、二〇〇六年二月）。「三日間説」に立つならば、新説を真正面から否定する根拠を明白に示さなければいけません。

「余分なお荷物」

私見は後述するとして、この後、新島はハーディーの指示を受けて、海員ホームに宿泊し、英語で「脱国の理由書」を苦心して作成します。第二関門です。この前後、新島が、テイラー船長に宛てて、「あなたは、私を救って下さいました」と礼状を書いたのは、もちろんです（⑩二〇）。

当初、ハーディーにとっては、新島は「歓迎されざる客」、というより「珍らしい人間の積み荷」

でした。あるいは、「余計な積み荷」に過ぎません。「新島は、それ以前のジョン万次郎（中浜万次郎）やジョゼフ・ヒコ（彦蔵、彦太郎）とまったく同じように、浮き荷（flotsam）や投げ荷（jetsam）のひとつとして、ボストンに到着した」わけです（Hamish Ion, *American Missionaries, Christian Oyatoi, and Japan, 1859-73*, p.132, UBC Press, 2009）。

「余分なお荷物」ですから、ボストン・ティー・パーティー事件の紅茶のように、船上からボストン港に放り込まれたとしても、文句は言えません。にもかかわらず、結果は、まったく逆です。ハーディー夫妻には「若干の躊躇《ちゅうちょ》」がありました（⑩五七）。ミッションの経験から言っても、この種の受け入れの結果は、それ以前から「はかばかしいものではなかった」ことが、迷いの一因であったはずです（⑩一一）。現に、以前、ハーディーは中国人を一度引き受けて失敗した、と伝えられているじゃありませんか。

「信託物」

ところが、です。新島は、まるで「養子」のように夫妻に暖かく迎え入れられました。ハーディーの信仰や新島の熱意が、主因です。けれどもその影で、テイラーの口利きと推薦がなければ、そもそも両者の会談（面接です）自体が実現したとは、とうてい考えられません。

以上のことからも、最初の新島伝の著者P・F・マッキーンの説には同意できません。ハーディーは船長から新島のことを聞くや、「すぐに」、「喜んで受け容れ」た、と断定するのは（『新島襄とアーモスト大学』七六頁)、あまりに単純過ぎます。ただし、「信託物」(原文は the trust です)として受け入れられた、とマッキーンが見るのは、大事な視点です(同前)。ハーディーにとって新島は、たしかに神から託されたお荷物、だからです。

ここで、もうひとつの「お荷物」、ワイルド・ローヴァーの油絵について触れておきます。以前、この絵は香港で新島といっしょの船に積み込まれたのでは、との仮説を出しました。香港の画家が描いたとの伝承があるからです(拙著『千里の志』五〇頁)。

これを所蔵、展示しているアトウッド・ハウス博物館(マサチュセッツ州チャタム)では、制作は「十九世紀の香港の中国人画家(名前不詳)」による、とキャプションに明記されています。

キャプションには一九六四年に同志社に貸し出したことも明示されています。私が依頼に行った二度目の借用(二〇〇二年)のことはまだ書かれておりません(拙稿「私のマサチュセッツ紀行」、*One Purpose* 一二三、同志社大学、二〇〇二年一二月)。

三日間か三か月か

最後に解くべき宿題がひとつ、残りました。先に紹介したように、新島はハーディーに「二度、会った」とする太田雄三氏の新説です。氏は、その根拠のひとつとして、海員ホームの三日間だけでは、あそこまでの英作文はとても書けない、と見ます。三日間ではなくて、七月の時点で書くように言われてから十月まで、三か月かけたとすれば、納得できる、というのです(『新島襄』八七～八八頁)。

これに反論するには、七月ではなく、十月が初対面だった、という事実（こちらが、これまでの通説です）を改めて確認するだけじゃ不十分です。新しいカードを切る必要があります。新説に対抗するには、切り札的な新証拠が要《い》ります。今まで知られていなかった事実を提示しなければなりません。

新しい「ジョーカー」、それが三人目の船長、A・バートレットです（本書一二五頁以下を参照）。

（二〇一〇年五月八日）

H・S・テイラー船長の墓

テイラーは、新島を上海からボストンまで運んでくれたワイルド・ローヴァー号の船長である。彼は新島をまるで弟のように可愛がってくれた。夏休みには新島を両親の家（チャタム）にしばしば招いた。

テイラーは、新島の留学中に、急死した。ボストン港で岸壁とフェリーの間に挟まれての事故死であった。訃報を受けた新島は、「非常な心痛です。あまりの哀しみに、打ちのめされそうです」と痛嘆する（⑦三七〇）。

テイラーの遺体は、いったんは故郷（マサチュセッツ州ケープコッドのチャタム）に埋葬されたが、のちにボストン近郊に改葬された。新島は、未亡人からも墓参りに誘われている。

(左)：チャタムのユニオン霊園。(右)：ボストンのフォレスト・ヒルズ霊園。

A・バートレット船長
――新島襄を助けた三人の船長（三）――

A・ハーディーとバートレット船長

新島襄が、晴れてボストンに上陸できたのは、自分独りの力ではありません。H・S・テイラー船長とA・ハーディーのおかげです。ですが、実はいまひとり、恩人がいます。

バートレット船長（Cap. Andrew Bartlett）です。アメリカに入国するという、最後の仕上げを演出したのは、実はこの船長なのです。彼は、意外にもハーディーに近い存在なんです。ふたりは、海員ホーム（the Sailor's Home）を経営する「ボストン海員の友協会」（The Boston Seaman's Friend Society）のメンバー、しかも主要メンバーでした。

船長がこのホームに係わるようになったのは、一八五八年からです。この年の年会に、これから働く新入職員として紹介されています。協会の年報によりますと、紹介した人物は、時の会長、ハーディーで、バートレットを「深海船員」（a "deep water" sailor）と呼んでおります。続いて、経験豊富で活動的な船長であるばかりか、船員の魂の福祉に深い関心を抱く人物である、とも紹介しています。

船員のための宣教師

スピーチの後段でも、褒《ほ》めちぎっています。たえず協会に支援と理解を注いでいる点からも、「海員ホームにとって、彼以上の適任者はいない」とまで絶賛します。ハーディーによる紹介の後、今度は船長が立って、スピーチを披露します。その最後は、こう締めくくられています。

「いったんキリストの救いを体験した船員は、他者の救いのために尽力する力がいかに大きいかを知っています」と(Thirtieth Annual Report of the Board of Managers of the Boston Seaman's Friend Society, presented May 26, 1858, pp.35~36, Press of T.R. Marvin & Son, 42 Congress St., 1858)。

さらに翌年の年報には、三頁にわたって年会における彼の説教が、全文紹介されています(pp.45~47)。なかなかのものですね。まるで一人前の伝道師、と言ったところです。

年報に関して言えば、一八六四年以降の分が、欠号(所在不明)になっています。だから、バートレットが新島と出会った、と思われる年度(一八六五年)の詳細は不明です。実に残念ですね。

海員ホーム

それはそれとして、関係資料から、あらためて海員ホームのことなどをまとめてみます。まずは、ボストン海員の友協会ですが、これは一八二七年に創立された団体で、「船員に福音を与える」ことを目的にしています(Mervin M. Deems, *a home away from home The Boston Seaman's Friend Society, Inc. 1827-1975*, p.23, Furbush-Roberts Printing Co., Inc., 1975)。ちなみにこの協会史の書名、a home away from home とは、「わが家のような気楽な所」という意味です。

この協会が経営するのが、海員ホームです。新島が三日間世話になり、例の「脱国の理由書」という英作文を書き上げた場所として、新島伝では周知です。さらにハーディーが会長を務めていたことも、です。彼が二十一年間、理事を務めたことは、協会史でも特筆されています。

もちろん、上には上があるもので、G・グルド（George Guold）という人など、理事四十年、会計三十二年という大記録を残しています（p.94）。ですが、ハーディーも一八四九年から一八七一年まで十二年間、会長ポストに就いています。これもすごいですね（p.222）。

議事録（たとえば、一八六九年十一月四日ほか）を読むと、会議がシアーズ・ビル、つまりハーディーの会社で開催されることも、度々《たびたび》あったようです。ハーディーはまさにキーパーソンです。

協会に雇用

バートレットが海員ホームで働くようになった経緯も、協会史にきちんと記述されています。

「南北戦争が勃発する直前〔一八五八年〕、理事会はアンドリュー・バートレットを雇用することを決議した。給与は比較的安かったが、食事は海員ホームで〔無料で〕取れることになっていた。

雇用の目的は、船員に対するボストン海員の友協会宣教師という肩書きで、海員ホーム、海員病院（the Marine Hospital）、ならびに船舶受け入れ会社（the Receiving Ship & C.）において船員の精神的な福利のために働くことにあった（一八五九年一月二十一日の議事録）。〔議事録には、給与は年五百五十ドル、ともあります」。

この前向きの措置が取られたのは、時あたかも貿易が振るわず、多くの船員が陸上の仕事以上に失業するという時世であったからである。失業者の中には、海軍に入る者もいた。しかし、協会の働きは、近隣のニューヨーク協会と同様に盛況だった」(*a home away from home*, p.47)。

どの程度の利用者がいたのか、気になります。ホームの宿泊者は一八五八年には二千四百九十三人であったのが、一八六三年には南北戦争の影響で、千七百人ほどに減少した、といいます(ibid., p.51)。とすると、新島が世話になった一八六五年の利用者数も、ほぼ推測が可能です。単純に平均数値を出すと、新島が宿泊した当日も、数名の船員が泊まっていたことになります。

バートレットの働き(一)

この協会史には、バートレットの働き振りが、幅広く紹介されています。まずは、船員のための図書活動です。

「バートレット氏とハンクス氏は、船員にトラクト〔伝道用印刷物〕や書物を供給するという計画を洋上図書館に変えることにした。つまり、協会は航海用に宗教的、あるいは世俗的な書物を箱に詰めて貸し出し、それを船上の信仰深い船員が管理する、というやり方に替えた」(ibid., p.50)。

次は、通信伝道です。「バートレット船長は、海員ホームや海員病院での通常業務のほかに、広範囲にわたる通信を世界中の船員と行なった。これは、協会の一般的な働きとして、その後も継続され、慣行となった。折々に協会の年報に、ホームや図書に感謝する手紙が紹介された」(p.50)。

「理事会は、理事二名が、アメリカ協会のハンクス氏と日曜学校ディポジトリーのサージャント氏と協議した結果を票決した。その結果、マサチュセッツ州などの日曜学校の献金は、バートレット船長の給与に用いることになり、目下、増給されている」(p.50)。ちなみに、議事録によると、一八六一年十一月二十九日のマネージャー会議で給与の二百ドルアップが決まっています。

バートレットの働き(二)

ついでバートレットは、礼拝をも担当しています。「バートレットは、入港したオハイオ号の船上で定期的に礼拝を守っていた。南北戦争の開始以来、二万五千人の船員が参加した(一八六四年協会年報、七頁)」(ibid., p.51)。

病院での奉仕活動にも従事しています。

「この間何年もバートレット船長は、書物を送ったり、諸教会で協会のために話をするほかに、ラーソンと共にチェルシー海員病院で忠実に奉仕をした。ここでは十九年余りの間に一万四千人を越える船員が治療を受け、九百人以上がキリストを信じたいとの希望を表明した。バートレットがこの仕事から離れたのは、十九年間でたった五週間であった」(ibid., pp.57~58)。

以上、主として海員ホームの資料から、バートレットの消息を紹介しました。他の資料、たとえば、「ボストン海員の友協会理事会議事録」にも彼やハーディーの記事が、出てきます。

ハーディーの働き

ちょっと紹介してみます。一八五八年五月二十六日、協会の創立記念礼拝が行なわれた際、二人は共に参加しております。ハーディーは会長として、バートレットはスピーカーとして、です。つまり、ハーディーは、協会がバートレット雇用を決めた時の最高幹部でしたから、それ以後も深い交流が続いたことは、明白です。

ハーディーが新島を助けた話も、海員ホーム史には、ちゃんと記してあります。

「公開の席で協会のために話をする人たちは、回心した船員はすべて潜在的な宣教師になると語ったりする。ニイシマ（Neesima）という青年は、アルフィーアス・ハーディーの船のひとつでわが国にやって来た。ハーディー氏は永年、協会の会長（President）を務めた。夫人は女性海員友の協会の副会長のひとりであった。

ハーディー家はニイシマを支援し、彼を自分たちの家庭に引き取った。ニイシマは信徒となり、当地で勉学した後、日本に戻り、同志社大学〔の前身校〕を創った」（ibid., p.81）。

つまり、バートレットと新島を結ぶパイプは、ハーディー以外には考えられません。

船員のための宣教師

ところが、バートレットという人は、これまで新島伝では、全くの無名でした。ただ、注意して新島全集を読めば、「バートレット船長」という名前で、新島の英文の手紙に一度だけ関係記事が出てきます。さすがに全集編集者は慧眼《けいがん》です。その人名には、「アンドリュー・バートレットか。『船員のための宣教師』」という注が振られております（⑥八三）。

疑問文になってはおりますが、これが最初の着目です。バートレット船長の同志社デビューです。ただ残念なことに、その後、この「宣教師」に注目して、追跡した人は、誰もいません。

実は新島は彼の写真をちゃんと保管しています（本書口絵⑥、新島遺品庫資料の下二六五五番）。アメリカに留学した Koka Fuji（甲賀ふじ）が、京都の新島に宛てて送ったものです。その手紙（一八八九年一月五日付。原文は英文）にはこうあります。「過日、〔バートレットの出身地である〕プリマスを訪ね、バートレット船長の未亡人と娘さんに会いました。二人から〔新島〕先生に送ってほしい、とこの写真を渡されました。先生が喜ばれるだろう、と二人は思っています」。

バートレット船長の略歴

そこで、まず略歴です。報告者は、W・T・デイヴィスという人です。

「アンドリュー・バートレットはアンドリューとサラ・ホルブルック・バートレットの息子で、一八〇六年十月二十日、プリマスにて誕生。親戚のトルーマン・バートレットの近隣であるハイ通りに住まった。

彼は船長であるが、資質に恵まれ、有能な航海者であるのみならず、分別があり、経済観念が強くて、信頼される実業家でもあった。彼がかつて私に話してくれたところによると、船長を務めていた全期間を通して、ひとりの人間も円材《スパー》ひとつ失わなかった。この事実は、彼の船員としての適性を十分に物語っているが、一方で、主として当時の船舶の型、さらには我々の時代に特徴的な、ビジネスを急いで片付けるやり方が、まだなかったことにも依る。〔中略〕

バートレット船長は、私が思うに、フィニー（Ezra Finney）やネルソン（Wm. Nelson）、バーンズ（Benjamin Barnes）といったオーナーたちのために航海した。

海で働くことを止めてからも、船員たちへの関心を失わず、ボストンのベテル〔協会〕、ならびに海員ホームに関係して、それらに奉仕する人生を選んだ。結婚は、一八三〇年。相手はプリマスのバーンズ（William Barnes）の娘、メリー（Mary）である。子どもはヴィクター（Victor A., 一八四一年生）、メリー（Mary E., 一八四三年生）、とアンドリュー（Andrew P., 一八四八年生）である。一八六六年にテニー（Phebe J. Tenney）と再婚した。彼女は永年、プリマスで学校教師をしていた。バートレット船長は、一八八二年二月四日に死去した」（William T. Davis, *Plymouth Memories of an Octogenarian*, p.207, The Memorial Press, Plymouth,c.1906）。

最初の英文メモ

バートレットに新島が初めて接触したのは、海員ホームで、一八六四年十月のことでした。それを証拠づける資料があります。新島が書いた英文メモ（祈祷文）です（本書一四二頁参照）。

これには、一八六五年十月十二日という日付が入っております。前日に、新島がハーディーに勧められて、海員ホームに入所したことを思い出してください。資料は新島の英語力を判断するうえでも貴重ですから、原文（改行も）のまま紹介します。署名もユニークです（新島遺品庫資料・上一二一四）。

O God ! If thou have got eyes,
please ! look upon me,
O God ! If thou have ears,
please ! hear for me.
I wish heartily to read Bible
and I wish to be civiliz〔g〕ed with
Bible.

Joseph Nei-Sima.
Boston Oct. 12—1865

このメモは、あるアメリカ人の「友人」が保有していたもので、一九四〇年に同志社側へ初めて情報としてもたらされた、といいます（『同志社新報』四七、一九四〇年五月二〇日、『追悼集』七、三七六頁、同志社社史資料室、一九九四年）。

メモはバートレットが保管

アメリカの「友人」は、もともとこれを持っていた人から貰ったようです。誰か。バートレットです。アメリカン・ボードが機関誌（*Missionary Herald*, Jan.1890, p.92）に載せた新島の追悼記事から、明らかです。

「ニイシマ氏が、ボストンに着いて間もない一八六五年十月〔十二日〕に書いた祈祷文のコピーが我々のもとにもたらされました。当時の彼の精神的状態や教化された程度が分かります。当時、早くから日本の青年とよく会っていたアンドリュー・バートレット船長が、現物を彼から貰ったのです。以下は、正確なそのコピーです。

『あぁ神よ、もし目をお持ちならば、私を見てください。あぁ神よ、もし、耳をお持ちならば、私のために聞いてください。私は、心から聖書を読みたいのです。聖書の教えを受けたいのです。ジヨゼフ・ニイシマ』」。

さすがに祈祷文（英語）はかなり自然な形に訂正されています。ということは、先回りして言えば、「脱国の理由書」もおそらく同様に手直しされている、と考えるのが、極めて自然です。

それはともかく、このメモで重要なのは、書かれた時期と新しい船長の出現です。「当時、早くから日本の青年とよく会っていたアンドリュー・バートレット船長」とあるように、新島は確実にこの船長から指導を受けております。その起点が、海員ホームというわけです。

新島は、海員ホームでバートレット船長から祈祷文の作成を習いました。ならば、「脱国の理由書」を執筆するときも、助言や指導を受けないはずは、ありません。いや、祈祷文を作ったことはその一環だ、と考えたいくらいです。

バートレットの同志社再デビュー

と考えると、大変な人物の出現です。このことに関し、私は五年前に出した『新島襄と建学精神―『同志社科目』テキスト―』（三七頁、同志社大学出版部、二〇〇五年）で、予告編的に、というか、秘話を仄《ほの》めかす意味で、次のように述べました。

「〔Josephという〕署名から判断して、すでにハーディーと面談した後である。〔中略〕新島は海員ホーム（教会、牧師が備えられていた）あたりで彼〔バートレット〕と接触したのであろうか。バートレットなる人物は、従来の新島伝には登場しない人物だけに、もしも新島の宗教的指導に関与していたとすると、今後、究明すべき人物となる」。

ジョゼフという新しい名前にしても、海員ホームを出た時ではなく、ホームに送られた時点ですでに決まっていたことになります。それだけでも注目すべきです。

先の記事を書いてから数年、その間ボストンで調査したおかげもあって、ようやくバートレットの消息と輪郭が、明確になってきました。いま、こうして中間報告ができるまでになりました。

『ロビンソン・クルーソー』

「脱国の理由書」の作成に関して、私は前に『ロビンソン・クルーソー』の影響が無視できない、と指摘したことがあります。新島はこの小説をいわば参考書のように用いて、あの文書を仕上げたのではないか、という仮説です（拙著『千里の志』五八頁以下を参照）。これに加えて、今度はインストラクターがいたのでは、との推測です。

それというのも、あの英作文の出来から見て、英語力が不十分な新島が、とうてい独りで、あるいは独力で作成した、と言えるような代物じゃありません。場合によっては、『ロビンソン・クルーソー』をマニュアルのように使うことも、バートレットの指導があってのことだったかもしれません。

今までにも、「その英語たるや、まちがいの多いめちゃくちゃの英語であった」との指摘がありました（加藤延雄『新島襄先生略伝』三五頁、日本観光美術出版社、一九六六年）。これは、推測です。原文が残っておりませんから、正当には評価できないのです。残っているのは、新島の英文伝記の中に活字として引用されている文章だけです（A.S.Hardy, *Life and Letters of Joseph Hardy Neesima*, pp.3~10. Doshisha University Press, 1980）。

これはこれで、読ませますね。文法的なミスも少ないのです。「まちがいの多いめちゃくちゃの英語」じゃけっしてありません。

そこへ新しいインストラクターが

そこで、問うべきは、新島が書いた最初の草稿が、「めちゃくちゃ」だとするならば、伝記の中の引用文は、誰かが手を入れて直したのではなかろうか、という疑問です。この点は、ある史家が早くから問題にしています。「何人かの代作、若《も》しくは潤色を持たざるを得ざりしならん」といった疑惑です（山路愛山「新島襄先生の伝記を読む」七二頁、『中央公論』一九〇七年十一月一日）。で、そこへ登場するのが、インストラクターとしてのバートレットである――これが、私の推測です。

もしも、これが事実ならば、バートレットが新島のアメリカ入国に及ぼした感化は、実に大きいですね。この船長の存在が、これまで未知だったために、インストラクター（新島の入国には不可欠です）をテイラー船長に求める見解が、出たりします。この場合も、ハーディーは新島に二度会った、という仮説を前提にして、関連事情を解明する、という手続きがとられます（伊藤彌彦「アメリカの新島襄」六頁、一〇頁、『同志社談叢』三〇、同志社社史資料センター、二〇一〇年三月）。

ですが、バートレットという人物を出せば、三日間であれだけの英作文がともかくも書けた要因は、かなり明白になるはずです。

新島の手紙に見る「旧友」バートレット

ですから、新島自身もバートレットから受けた恩義を忘れませんでした。海員ホーム以後、つまり留学中も、バートレットとの交流が続いていることが、何よりの証拠です。やはり相当に助けてもらった恩義があるのでしょう。

さらに、船長について書き残している新島の手紙が、残っています。一八七一年四月三日、ウエストボロからアンドーヴァーのヒドュン（M.E.Hidden）に宛てた手紙です。関係箇所を私訳してみます。

「〔ボストンで〕セイラム通りの海員教会とチェルシー〔海員〕病院で開かれた船員のための祈祷会に出てみました。

病院の集会では、旧友のバートレット船長に会い、奥さまともども楽しい時間を過ごしました。老船長は船員たちから大層尊敬されているように見受けられます。彼は心底から船員が好きですし、彼の言うことがすべて図星だからです。

説教を聴く人は、国籍が違い、病気や怪我で体の不自由な人、老衰した人、それに家庭からはるか遠く彷徨《さまよ》っているため、比較的、友だちの少ない者たちです。船長の簡単な説教は、温かみのある思いやりと相俟《あいま》って、そうした会衆に大いに受け入れられているに違いありません。

病院は、荒くれた、みじめな放浪者が、肉体的な苦しみだけでなく、精神的な病《やまい》をも真剣に考える場所であるに相違ありません。船長の努力と涙は、固くて乾いた不毛の土を肥沃にして、良い木を成長させ、神に対して善《よ》い実を結ばせる手段にきっとなると思います」（⑥八三）。

これを見ると、新島は留学中、「旧友」に積極的に会う機会を自ら作っていますね。バートレットへの評価は、結構、高いんです。「老船長は船員たちから大層尊敬されているように見受けられます。彼は心底から船員が好きですし、彼の言うことがすべて図星だからです」と言ってますから。新島自身も尊敬を寄せていたのでしょうね。明らかに恩人扱いです。

バートレットがいたからこそ

この船長がいたからこそ、新島は例の英作文「脱国の理由書」を立派に仕上げることができた、と思われます。おそらくハーディー会長から直々《じきじき》に個人指導をするように頼まれたはずです。バートレットは、その種の仕事のために海員ホームに雇われているのですから。

何ら指導をする必要がなければ、ハーディーは新島をストレートに自宅に連れて行き、泊めたでしょうね。書き上げる時間さえ与えれば、いいんですから。おまけに、部下のテイラー船長は、新島を置いて、はやばやと故郷に帰ってしまいました。以後、三か月間（十週間）も不在です。ハーディーとしては、残る選択肢は、バートレットしかありません。海員ホームに新島を泊めたのは、宿舎を提供する、というよりも、むしろ、インストラクターをつけるためだったはずです。

ハーディーの期待もあり、バートレットは英文の手直しはもちろん、たぶん内容に関してもかなり突っこんだ指導をしたはずです。そもそも、英語が不得意なうえに、キリスト教の知識が極めて限られていた新島が、三日間で、あそこまでの文章を独りで書けるか、というと、これは完全に無理です。

だから、ハーディー夫妻を感心させるだけの文書は、バートレットの手が加えられて初めて可能となった、と見るのが、自然ですね。とりわけ、キリスト教的な味付け（ハーディーお好みの、です）は、もっぱら、ハーディーをよく知るバートレットならではの助言と指導しだいではなかったでしょうか。

三人目の船長は、宣教師

このことを考慮して初めて、太田雄三氏が提唱された「新説」（本書一一八頁以下、一二二頁）は、その根拠を失います。新島が例の文書を書き上げるのに、三日間でも、なんとか足りたのです。バートレットの援助があったからこそ、ハーディーから合格点が貰えるような出来栄えになったのです。

仮にテイラーが手伝ったとしても、せいぜい、誤字や文法ミスの訂正くらいでしょう。信仰の面やキリスト教理解の面では、とうていバートレットのような適切な指導は、できなかった、と思われます。

つまり新島がハーディー家に「養子」に入れた背景には、バートレットの存在がすこぶる大きかったのです。彼こそ、新島のアメリカ入国を水際で、つまり最終的な場面で助けた三人目の船長です。彼の世界は、セイヴォリーやテイラーがなかなか踏み込むことができないような宗教的な領域でした。この分野こそ、バートレットの独自性が、いかんなく発揮された世界でした。ボストン港で、「海員のための宣教師」に出会えたことが、新島にはなんとも幸いでした。

新島が日本（函館）から無事に出国できたのは、三人の日本人の義侠《ぎきょう》があったからこそです。福士卯之吉（成豊）、沢辺数馬《かずま》（琢磨）、菅沼精一郎です。「嗚呼《ああ》、此《この》三人の深切〔親切〕丁寧、実に言語を以《もっ》て謝し難し」です（⑤七〇）。

同じように、アメリカになんとか入国できたのも、三人のアメリカ人船長のサポートが得られたからです。セイヴォリー、テイラー、そしてバートレット——ここでも、新島は強運でした。

（二〇一〇年五月一六日）

1845〜1852年

1854年〜

歴代の海員ホーム（The Sailor's Home）

ボストン海員の友協会（創立は1827年）が経営する海員のための福利・宗教施設（Purchase St. と Oliver St. の西北角）。新島は「ポルチェス街の船子宿」とか（⑤六八）、「波士頓《ボストン》の船宿」（⑤七九）と記す。

左は、1845年に竣工した、初めてのレンガ造りの建物（*Highlighting the History of The Boston Seaman's Friend Society,Inc.* undated pamphlet）。右は、ホームが1852年に火災に遭った後、A・ハーディー会長のもと、1854年に新装された建物（*Thirty-sixth Annual Report of the Boston Seaman's Friend Society,* p.23,1858）。94の寝室のほか、読書・図書室、飲酒喫煙室などを備える。

海員ホームの「宣教師」である元船長のA・バートレットは、ハーディー会長から依頼されて、新島が英文で「脱国の理由書」を作成するのをここで手伝った、と思われる。かつては波止場に近接していた。現在の外観は、本書口絵⑤を参照。

“O　God！”（最初の祈祷文）

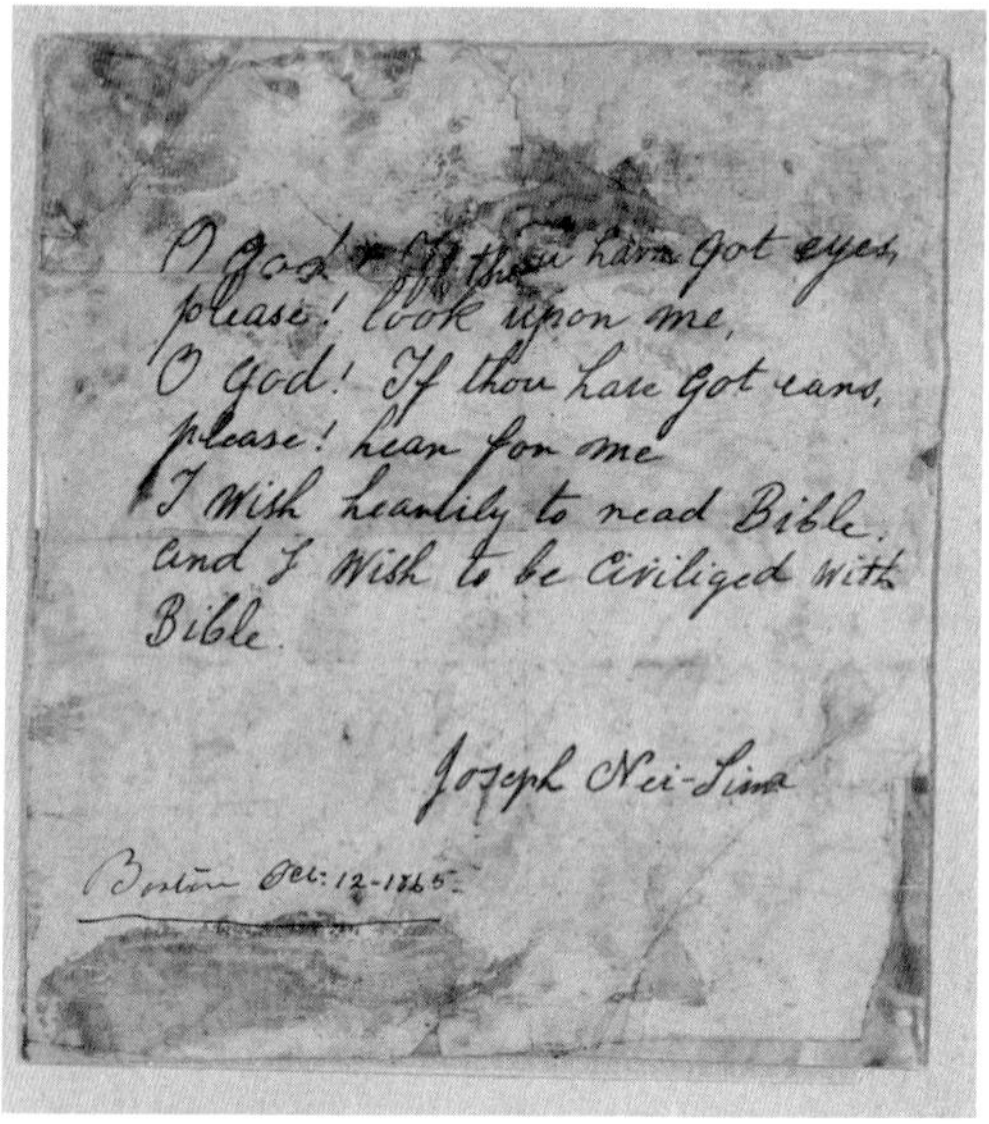
O god! If thou have got eyes,
please! look upon me,
O god! If thou have got ears,
please! hear for me
I Wish heartily to read Bible.
and I Wish to be Civiliged with
Bible.

Joseph Nei-Sima

Boston Dec: 12-1865

O god ! If thou have got eyes,
please ! look upon me,
O god ! If thou have ears,
please ! hear for me.
I wish heartily to read Bible
and I wish to be civilig〔z〕ed with
Bible.

新島がボストンの海員ホームで書いた、と思われる英文メモ（新島遺品庫、上一二一四）。内容は、神への祈祷である。英語、日本語を問わず、新島が作成した初めてのキリスト教的文書（祈祷文）である。日付は一八六五年十月十二日（海員ホームに入った翌日）なので、このホームの宣教師であるA・バートレット船長の指導を受けて書かれた可能性が、極めて大きい。このメモをその後、バートレットが所持していたことも、傍証たりえる（本書一三五～一三六頁）。

新島の英文署名（Joseph Nei-Sima）は、まだ定型化する前の「試作品」である。ジョゼフを名乗った初例である。日付も重要である。新島がA・ハーディーに「脱国の理由書」を提出し、家庭に引き取られた日（十月十四日）の二日前である。

ということは、海員ホームに入所する時にすでにハーディーから、ジョーをジョゼフと改姓するように勧められたことになる（本書一三五頁参照）。これまでの通説では、改姓は家族の一員として認められた十四日以後のこととされてきた。

W・S・クラークと新島襄
――二足のワラジを履《は》いた人――

ボストンや京都から札幌を見れば

北海道には神学部は、ひとつもありません。びっくりなさることは、ありません。全国的に見ても、少数ですから。神学部の大学教員は、人数としては、せいぜい二桁止まりです。珍獣のツチノコには負けますが、結構、希少人種なんです。皆さまが、ここ札幌でその種の教員から直接に話しを聞かれるのは、今日が最初で、ひょっとしたら最後かもしれませんね。

そこで、せっかくの機会ですから、いくぶん神がかった話しをします。話題は、W・S・クラーク先生です。札幌では「耳にタコ」状態でしょうが、今日はキリスト教という色眼鏡を使います。これを嵌《は》めて見直してみます。札幌を外から、とりわけボストンと京都から見た場合、これまでとは、ちょっと変わった風景が見えてくる、と思うからです。

会衆派の拠点

ボストンは、新島襄が八年間暮らしたニューイングランドの中枢都市です。戦後、京都と姉妹都市になりました。このことからも分かるように、アメリカの歴史の起点です。とりわけ、宗教的にはここは、キリスト教、とくにコングリゲーショナリズム（会衆派）の拠点、というか牙城です。だから、新島を宣教師に取り立ててくれたミッション（アメリカン・ボードと言い、教派は会衆派）の本部も、ここにあります。

ボストンは、札幌のこの会場にも関係があります。ここは、ボストンの香りがちょっぴりします。私たちが今、おりますこの場所は、一八七三年に建てられた開拓使札幌本庁を再現した建物です。ボストンにある州議会議事堂《ステートハウス》をモデルにした、と先ほど学芸員の方から伺いました。さもありなんです。前に来たときも、よく似てるな、と思ってました。大きさはともかく、てっぺんにあるドーム、あそこが金ピカであれば、ホンモノそっくりですよ。

というわけで、しばらくの間、ボストンゆかりのこの建物で、ボストン気分にちょっぴり浸りながら、百三十年ほど前の札幌を、いつもとは違う角度から、あれこれ眺めてみたいと思います。

出会い

今日の主役は、ふたり。W・S・クラークと新島襄です。彼らについて、札幌農学校の研究家、大山綱夫先生（北大卒）が、ユニークな問いを出されています。

もし、新島がニューイングランドへ行かなかったら、はたしてマサチュセッツ農科大学が札幌農学校のモデル校になっていたであろうか。さらに、農科大学学長のクラークが、日本へ呼ばれていたであろうか、と（拙稿「新島襄とW・S・クラーク」一頁、『キリスト教社会問題研究』五二、同志社大学、二〇〇三年。拙著『アメリカン・ボード二〇〇年』に再録)。

両者の繋がりは、私たちが想像する以上にありそうですね。ほんとのところは、どうなのか、今日はそのあたりを詳しく見ていきます。

まず、クラークですが、新島のことを「私の最初の日本人学生」と断言しています(「新島襄とW・S・クラーク」二頁)。二人の出会いはニューイングランドの一隅、アーモスト(Amherst. 北海道では、「アマースト」のほうが、通りがいいでしょうか)という町です。

アーモストは典型的な大学町です。この町を代表するアーモスト大学は、当時、会衆派系の神学校と誤解されるほど宗教色が濃厚でした。「牧師製造工場」とも呼ばれたりしました。

要するに牧師・宣教師ムードが全校に満ち満ちているカレッジ、というわけです。クラークも新島もここで学んでいます。だから、新島など、入学するや、「ミッショナリー・バンド」というサークル活動に加わって、将来、牧師になる準備にとりかかります。

一方のクラークは、科学者として身を立てます。ドイツ留学後、母校の教授に迎えられます。ついで一八六七年には、アーモスト大学のすぐ傍に新設されたマサチュセッツ農科大学(今はUMASS、ユーマスと愛称されます)の学長に転出します。この学長の時に、来日して、札幌農学校の学長(日本風に言えば、教頭)を兼務したことは、皆さまにはすでに周知の事実です。

アーモスト大学の娘

アーモスト大学とマサチュセッツ農科大学とは、近接しています。二・三キロほどしか、離れていません。それればかりか、宗教的、人脈的にも密接な関係にあります。アーモスト大学の学園史では、農科大学は「我らが大学の娘」と呼ばれています（同前、四頁）。

したがって農科大学の学風も、すぐれて宗教的（会衆派的）です。学生は日曜日には、教会の礼拝か聖書研究会のどちらかに出席を義務づけられていました。

ただ、開校当初の数年間は、施設が不十分でしたから、学生は礼拝に出るために、アーモスト大学のチャペルまで歩いたと言います。この点は、クラークの精神性、とりわけ宗教性を論じる場合には、忘れてはならないことです。

クラークがアーモスト大学教授から隣りの新設大学の学長に転じた同じ年に、新島はアーモスト大学に入学しました。詳しく言えば、前者が先（八月）で、後者が後（九月）です。したがって形の上では「すれ違い」なんです。

マサチュセッツ農科大学

けれども、先に見たような宗教活動や授業の交流のほかにも、両校の学生は図書館や鉱物・地質標本、科学研究施設などを相互に、わりあい自由に使うことができました。だから、スタッフの交流も、当然、盛んでした。

要するに「相互乗り入れ」なんです。しかも、両大学合わせても、当初は学生総数三百人以下の時代です。だから、新島とクラークが接触する機会は、日常的にいくらでもあったはずです。

現に、新島は一八六七年九月の秋学期（新学期です）に、クラークから「化学」の授業を受けています。クラークが十月十五日まで農科大学から母校に出講したその後を、臨時講師が引き継ぎました（D・ダリエンゾ著・北垣宗治訳「アーモスト大学の輝かしい息子」三七八頁、注四〇、『同志社談叢』九八、同志社大学、二〇〇七年二月）。だから、新島がクラークから習ったのは、長くて一か月半、です。

森有礼《ありのり》

次に、岩倉使節団に目を向けてみます。使節団の訪米は、一八七二年のことです。その際、森有礼（駐米公使）や田中不二麿《ふじまろ》（文部理事官）のたっての懇請を受けて、新島は使節団の一員に加わります。そして、ニューイングランド地方の視察のために、団員たちをあちこちに案内しました。

新島は田中を案内して、マウント・ホリヨーク・セミナリーやマサチュセッツ農科大学（両校とも、アーモスト大学の近くにあります）も視察します。その際、現地でガイド役を買って出たのが、クラーク学長とJ・H・シーリー教授（アーモスト大学）というゴールデン・コンビでした。なお、岩倉具視その人も、マサチュセッツ農科大学を見学しています。が、新島が同行した形跡はありません（「新島襄とW・S・クラーク」六頁）。

マウント・ホリヨーク・セミナリーという女学校は、アーモストのすぐ南のサウス・ハドレーにあります。現在はマウント・ホリヨーク・カレッジです。アメリカ最古の女子大学として名を知られる名門校です。宗教的には、ここも会衆派です。アメリカン・ボードの男性宣教師（牧師）が最も多く輩出した男子校がアーモスト大学であるとすると、マウント・ホリヨークは女性宣教師を最も多くミションに送り込んだ大学です。

内藤誠太郎

ところで、森は日本から赴任する時、内藤（堀）誠太郎という青年を同伴しました。この青年をマサチュセッツ農科大学に入学させるために、森は前年の一八七一年にアーモストを訪問しています。

この時、森はアンドーヴァー神学校に進学していた新島を呼び出し、入学の斡旋を要請しています。新島の推薦が効いたものか、内藤は新島に次いで、めでたくクラークの「二番目の日本人学生」になることができました。この内藤は、帰国後、札幌でもっぱらクラークの右腕となります。通訳、秘書、というより、陰の教務主任と言えましょうか（同前、七頁、八頁）。

橋口文蔵

その後、橋口文蔵という学生が、マサチュセッツ農科大学を卒業します。日本人初のケースです。彼は在学中、キリスト教に関心を寄せる「大学キリスト教同盟」の会員でした。帰国後は、（もちろんクラーク以後ですが）一八八八年から一八九一年まで札幌農学校の校長を務めます（同前、八頁）。

これらふたりの日本人学生は、マサチュセッツ農科大学を札幌に「移植」するのに、大きな力を発揮したはずです。もちろん、主力は農科大学出身の外国人教員です。農学校のお雇い外国人は、全部で十一人です。そのうち、なんと八人が農科大学からの引き抜きです。

これほどのマンパワーがある——ということは、アーモストの農科大学から見れば、札幌の学校は、まるで自分たちの日本分校みたいですね。

札幌への招聘

ことほどさように当時の札幌は、アーモストに直結しております。これらの事情、さらには次の事柄を考慮に入れれば、新島が札幌農学校の開校にタッチした可能性は、大いにありえます。

新島がアメリカで森に接触し始めた頃、森はニューイングランド・スタイルによる官立中等学校を日本に設立（いわば移植）する計画を暖めていました。そこで、アーモストに新島を呼んだ際、「彼〔森〕はアメリカ方式にならって、いくつかの学校を〔日本に〕建てることを計画し、私〔新島〕にその監督をしてほしいと希望した」といいます（⑥八四）。客観的に見ても、新島以上の適任者は、おりません。日本はもちろん、日本人アメリカ留学生のなかにも、見当たりません。

ですが、白羽の矢を立てられた新島は、これを謝絶します。仕官することを嫌ったからです。現実に札幌にアメリカ流の農学校が新設されるのは、これより四年後です。仮にもしもあの時、新島が森の要請を受諾していたならば、札幌農学校初代校長、あるいは文部大臣（将来の）のポストが、新島に用意されたのではないでしょうか。とすれば、大胆な推測になりますが、クラークは、ひょっとしたら新島の身代わり校長、ということにもなりかねません。

ノースロップ

そのクラークの人選（日本招致）にも、新島が絡んだ形跡があります。人選のキーパーソンはB・G・ノースロップという人物です。森は初めて彼と面談した際、新島を同席させています（⑥一〇七）。新島とノースロップとは同じ教派（会衆派）に属し、前者は神学生（牧師志望です）、後者は元牧師で、この時は、コネチカット州教育委員長でした。

ノースロップは、札幌の校長にクラークを推薦します。ふたりは、新島共々、同じ教派（会衆派）でした。ですから、新島の恩師であるクラークの日本招聘に関して、新島自身が何らかの相談に預かったとしても、ちっとも不自然ではありません（「新島襄とW・S・クラーク」九頁）。

だからと言って、「ウィキペディア」（電子百科事典）のように、学長在任中に「新島襄の紹介により」日本政府から熱烈な要請を受けた、とまで断言していいのか。ノースロップを森に紹介したり、ノースロップから人事に関して意見を求められたり、といったことなら、ありえる話ですが。

吉田清成

一説にはクラークの招聘は、森ではなくて吉田清成の尽力が大きかった、ともいいます（大島正健著・大島正満補訂『クラーク先生とその弟子たち』七一頁、図書刊行会、一九七三年)。たしかに、英字新聞の報道でも、開拓使次官の黒田清隆が森に命じた人選を実際に取り運んだのは吉田です(*New York Times*, July 6, 1879)。しかし、新島への依頼に関する限り、やはり森その人です。

ちなみに森は、ノースロップの教育観に深く共鳴し、日本に招いて文部行政の根幹を築くために、「学監」という新設のポストを用意し、その大役に就いてもらいたい、と熱望しました。が、拒否されました。代わりにD・マレー(やはり信徒ですが、教派はオランダ改革派)という人が来日したことは、比較的知られております。

開拓使

ところで、新島の旧友である津田仙によりますと、新島には開拓使に入る機会があった、といいます。アメリカから森が、黒田に新島のことを書き送ったところ、黒田は新島を開拓使の通弁に頼みたいと考え、津田を通して留学中の新島に打診をした、というのです。この時の返事も「否」でした(「新島襄とW・S・クラーク」九頁)。

新島は仕官や官学(国立学校)への門戸をあえて自ら閉ざし、ひたすら在野の教育者、宗教者として生きたかったのです。もしも、新島が開拓使に雇用されていたとしたら、私たちが今おりますこの建物は、紛れもなく開拓使札幌本庁ですから、ここで仕事をする機会があったかもしれませんね。そう考えると、不思議な気がしてなりません。

モデルはアーモスト

日本招聘が正式に決まったクラークは、札幌農学校教頭（President）に就任するために来日します。一八七六年のことです。新島は、すでにその二年前（一八七四年十一月）にボストンから帰国していて、翌一八七五年十一月に京都にキリスト教主義私塾を立ち上げていました。「アメリカ方式にならった学校」、すなわち会衆派を基盤とした私立同志社英学校（男子校）です。

一方、札幌農学校の開校は、同志社開校の翌年（一八七六年）です。それぞれ英学校（普通学校）と農学校という風に名称が違い、さらに官・私立の差異こそありますが、モデル校は共通します。アーモストにある二つの学校です。

つまり、札幌の学校は、マサチュセッツ農科大学を、そして京都の学校は、アーモスト大学をそれぞれモデルとしました。とりわけ、札幌の場合、校名からしてモデルと瓜二つです。Sapporo Agricultural College が、Massachusetts Agricultural College に由来することは、誰の目にも明らかです。

クラークの証言

クラーク自身の証言もあります。「地球の反対側で」アーモストの農科大学を「少し変えて、出来るならば幾分ましな形でたてなおすことをやっているのです」と留守宅に書き送っています（『クラークの一年』一二七頁）。

クラークの「孫弟子」とでもいうべき矢内原忠雄（東大総長）などは、もっとはっきりと、断言しています。「札幌農学校の制度と教育理念は、殆んど全くマサチューセッツ州立大学〔農科大学〕に範をとった」（傍点は本井）というのです（『矢内原忠雄全集』二一、二七八頁、岩波書店、一九六四年）。

これに付け加えたいことが、もうひとつあります。クラークは、農科大学だけじゃなくて、母校のアーモスト大学をもモデルにしたい、と考えていたはずです。教え子の新島が創った同志社と同じ路線をとろうとした、というわけです。

この点は、もう少し説明が要りますね。教育内容に関して、両者の遺伝子はかなり共通します。共にリベラル・アーツ教育です。アーモスト大学は、今年、リベラル・アーツ・カレッジ部門のランキングで、全米トップの座を占めました。アメリカに冠たるリベラル・アーツ教育の殿堂です。

宣教師半分・教師半分

アーモストは同時に、新島の留学した頃は、「牧師製造工場」の異名をとるほど、牧師、したがって宣教師を輩出する学校でした。ただし神学校ではありません。このアーモスト大学から神学校（大学院）へ進学したひとりが新島です。彼も牧師になります。同時に会衆派のミッション（アメリカン・ボード）が日本に派遣する宣教師にも任命されます。

その結果、彼の給与は同志社負担ではなく、宣教師給与でした。ボストンのミッション本部から、全額が支給されました。それだけに新島は、教育活動に限定せずに、伝道にも力を傾注しなければならない立場にありました。宣教師半分、教師半分です。いや、給与の出所から言えば、伝道の方が、むしろ本業でしょう。

熊本バンドと札幌バンド

だから、お膝元の同志社教会（彼が牧師に就きました）を始め、全国各地に教会（会衆派は日本では組合教会派と呼ばれました）を設立しました。この「北海道開拓の村」でいいますと、先ほど会堂を見学してきたんですが、元浦河《もとうらが》教会がそうです。

組合教会という点で重要なのは、一八七六年に廃校になった熊本洋学校から卒業生と元在校生が、四十名近く同志社に入学し、学校の基礎作りに多大の貢献をしたことです。大半の学生が信徒でした。彼らはのちに「熊本バンド」と呼ばれ、牧師や組合教会の指導者となり、新島を助けます。

これに対して、クラークが札幌で起こした信徒学生群が、「札幌バンド」です。官学が信徒を輩出したんですから、異例ですよね。クラークの力が、突出していた証拠です

クラークの教育方針

官立の農学校でキリスト教を教えることについては、もちろん開拓長官の黒田清隆を始め、激しい抵抗がありました。が、キリスト教伝道に関する限り、クラークは札幌では宣教師顔負けの「業績」を挙げました。

まず、彼の教育方針、あるいは教育面の意図が、一般の官学とは、まったく違っていました。彼は

学校のハード面だけでなく、ソフト面の充実、とりわけ精神教育の実践に意を用いました。たとえば、農学校の「書庫」（図書館です）のために「宗教的読み物」を一箱送ってくれるように、わざわざアメリカの弟に依頼しています（『新島襄とW・S・クラーク』一一頁）。

授業も宗教的雰囲気の中で行なっています。クラークがまず聖書の一節を朗読し、短く講釈します。続いて、学生全員が「主の祈り」を唱和します。ただ、クラークは黒田に遠慮したのか、後半はこれを取りやめたといいます。

まるで宣教師

クラークは、学生全員に聖書の言葉、たとえば、旧約聖書の一節（「出エジプト記」二十章前半）を暗記するよう求めています。毎週、日曜日の午前には、農学校で堂々と聖書を一時間教える、といった具合です。完全にアーモスト方式なんです。

「私がこんなすばらしい伝道の機会をみすみす見のがしはしないことは、信じてくれて結構です」とクラークは、留守宅の妻に書き送っています。気分はすでに宣教師です。官学でありながら、ソフト面はまさに「耶蘇《やそ》学校」に近いのです（以上、同前）。

その意味では、クラークの立場は、同志社の新島にすこぶる近いものがあります。教育者にして牧師・宣教師、という二面性を共に共有しています。二足のワラジを共に履《は》く同志です。

とすれば、アーモスト大学とマサチュセッツ農科大学が、血縁関係にあったように、札幌農学校と同志社も、精神的には立派に仲間、というか系譜的には姉妹校ですね。初期の両校は、アーモスト大学卒業生に特有の「宣教師魂」をも共有する、というわけです。

アメリカでは普通《ただ》の信徒

クラークは、札幌以前と以後では、ずいぶん違います。教え子の大島正健はこう証言します。

「米国に於《お》けるクラーク先生は、宗教的にはキリスト教の平《ひら》信徒たるにすぎなかったが、札幌滞在八カ月間に遺《のこ》された宗教的感化の如何《いか》に大きかったかは、改めて述ぶるまでもない。ただし本国にあられた頃の先生の信仰状態が、如何であったかは知る由もないし、先生が直接伝道に従われたとか、教壇〔説教壇〕に立たれたというような記録は全くない。

元来アマスト大学は、神学校〔大学院〕ではなく普通の大学課程のカレッジである。先生は神学とは全く無関係ではあったが、伝統の清教徒的信仰を堅持して居られたことは、恩師ヒッチコック博士の筆になる『アマスト大学懐旧史』に明示されている」（同前、一二頁）。

ここでクラークが堅持したとされる「伝統の清教徒的信仰」とは、すでに明白なように会衆派のそれです。アメリカン・ボードに特徴的な海外伝道心にも通じます。

札幌で変身

思い切った言い方をすれば、クラークは札幌で「変身」したのです。来日するまでは宣教師になる、なんてことは、まず考えられなかった。アメリカではきわめて平凡な一信徒で、酒も適当にたしなんでいたようです。だから、日本にもワインのボトルを何本も持ち込みました。それまでは説教なんて、ほとんどしたことがなかったようです。

その彼が、札幌ではどうしたことでしょう。「禁酒禁煙の誓約書」を作成して学生に署名を求め、自らも進んで署名をする。それを契機に率先して自らも禁酒を断行する。アメリカから持ち込んだ何ダースかのブドウ酒のボトルも割ってしまいます（同前、一二三頁）。

したがって、札幌において伝道の面で大成功した事実は、日ごろの彼の教会生活を知っていたアーモストの人たちには「不可解」そのものであった、といいます（同前、一二三頁）。内村鑑三の証言によれば、新島その人さえも驚愕したと言います。「〔札幌での大成功を聞いて、クラーク〕先生を知る者は、皆な驚いて云うたのであります、『何んだ、あのクラークが』と。私は故新島襄君が同一の語気を以て先生に就《つ》いて語るを聞きました」と（同前、一四頁）。

この点は新島サイドの記録からは追認ができません。ので、ここでは、私の判断を保留しておきます。ちなみに内村その人は、「新島発言」に反論を加えていません。むしろ、共感すら抱いているかのように見受けられます。

突然の伝道心

ともあれ、札幌のクラークは、それまでの彼とはまるで「別人」でした。彼はアーモスト大学に在学していた学生の時に、一度、信仰上の覚醒を経験したことがありました。それを一次と見るならば、札幌ではいわば「第二次覚醒」を経験したことになります。

クラークの体内にそれまで蓄積されてはいたが、眠っていた「伝統の清教徒的信仰」が、何かに触発されていきなり顕在化したかのようです。言いかえれば、アーモスト大学に充満していた「宣教師魂」（外国伝道心）が、ここに来て彼の中でもまるで爆発したかのような感があります。じゃ、その着火のきっかけは、いったい何か。

「札幌バンド」の第一人者、内村鑑三が、ちょっと皮肉な回想を残しています。「先生を運びし汽船が、太平洋を横断して日本の岸に近づきし時に、先生は急に伝道心を起こしたであろう」。その結果、先生は札幌で「よろしき伝道者」になった、というのです（同前、二六〜二七頁）。

「急に」伝道意識が高揚した、というのですから、まるで突然変異扱いです。けれども、実際に突然に目覚めたとすると、その時期は、横浜入港以前ではなく、以後でなければなりません。

聖書の差し入れ

というのは、クラークは横浜に上陸すると、L・H・ギュリック（アメリカ聖書協会日本支社長）から聖書をプレゼントされています。三十冊も、です。札幌で一期生たちに配ったあの聖書です。

横浜の宣教師からたまたま聖書を差し入れされるまで、聖書を農学校で教材（教科書）にするという発想は、クラークにはなかったのです。あらかじめ持参したとか、別個に発注した、といった周到な準備や配慮を示す記録がないからです（同前、一三頁）。

札幌に赴任してみて、当地が牧師・宣教師不在の「異教の地」（後述もしますが、クラークの用語です）であることに気づいたことが、大事です。キリスト教的にはまったくの未開拓地であったことが分かるや、聖書を教えなければ、という気持ちに駆られたのです。

さらに言えば、農学校の学生たちの真摯《しんし》な求道生活に触発されたことや、あるいは新島が同志社で実践していることが頭を過ったことが、彼の伝道心を突然、覚醒、増幅させたのかも知れません。いずれにせよ、来日前ではなくて、来日後に、キリスト教教育の実践が必要であることを突然、あるいは改めて確信した、と思われてなりません。

ギュリックの感化

とすれば、横浜のギュリックによる聖書贈呈それ自体は、クラークの伝道心に火をつける格好となった、という点で、大事な契機です。ギュリック家は、アメリカン・ボードでは名だたる宣教師家系です。だから、横浜のギュリックも、元々は宣教師志願でした。

現に彼の兄弟、姉妹は、あい前後していずれもアメリカン・ボードから日本へ派遣され、宣教師として関西や同志社を中心に活動します。ついには引退していた宣教師の両親までも、ハワイから神戸に呼び寄せるくらい、一族は結集力が強い家系です。

クラークは来日直後に、アメリカン・ボードでは名門のギュリック家の一員から大きな影響を受けました。それが、聖書を基盤にした教育を札幌で実践する、という大胆な試みに発展します。

先にも見たように、内村は札幌時代のクラークを捉えて「よろしき伝道者」と見なしました。クラークの場合、伝道者は宣教師を意味しました。その結果、「クラークは宣教師として日本に残留する」といったニュースが、一時アメリカで流れたほどです（同前、一四頁）。

宣教師気分

一方のクラーク本人にも、宣教師意識が多分にあったことは、妻宛の書簡から明白です。たとえば、周知の「イエスを信ずる者の誓約」を自ら用意し、学生全員に署名させたその日、クラークは妻に宛てた書簡の中にその写しをわざわざ入れました。そして、「私がこんなに優れた伝道者になるなど、誰が考えたでしょう」といわば自画自賛しています（傍点は本井）。

帰国の船中で妻に宛てた書簡でも、「その〔乗客〕中には私自身の外に五人の帰国途上の宣教師がいます」とクラークはわざわざ書いています。「宣教師が五人乗船している」と読むのが順当でしょうが、「自分を含めて六人」と読めなくもありません。外国人（たとえアメリカ人に限定しても）は大勢、乗船していたはずなので、なぜ彼がこういう書き方をしたのか、ちょっと理解に苦しみます。やはりかなり宣教師気分に染まっていたのではないでしょうか。

その点は、帰国後の彼の言動からもある程度、推測が可能です。たとえば札幌で禁酒禁煙活動に力を入れただけに、帰国してからもアーモストの町で、それを継続します。「リフォーム・クラブ」（生活改善クラブ）に加入して、彼自ら禁酒の誓約に署名します。また、札幌で宣教師の活動に改めて目を開かれた結果、アメリカン・ボードの活動にも積極的に参加し始めました（以上、同前、一五頁、一六頁）。

こうしたクラークの変貌振りは、さぞかしアーモストで評判になったでしょうね。

宣教師を志願

このように伝道心が高揚した結果、クラークはついには宣教師を志願するまでになります。「アメリカン・ボードが〔自分を〕宣教師として認めてくれるならば、海外派遣を志願する」とアメリカン・ボードへ売り込みを図っています。

さらにアメリカン・ボード年会に出かけて、講演まで行なっています。それを伝える報道記事の中に、興味深い指摘が飛び出しています。「一、二年前、農業を教えるために日本に行ったアマストにあるマサチュセッツ農学校のクラーク学長は、彼がいかにして、しばらくの間宣教師となったかについて語った」というのです。

ここからも、彼の内に、「札幌では宣教師になった」との自覚があったことが裏づけられます。ひとつにはこれは、周辺からの評価と期待に応えたい、といった反応や姿勢でもあったのでしょうね。彼にとっては、まんざら捨てたものではなかったはずです。

いずれにせよ、見事な「宣教師気取り」です。札幌の八か月は、彼には予想をはるかに越える人生の「蜜月」でした。内村が伝えるクラークの臨終の言葉は、そのことを明白に立証しています――「余の生涯の事業にして一として誇るに足るべきものあるなし、唯《ただ》、日本札幌に於《お》ける八カ月間の基督《キリスト》教伝播こそ、余が今日死に就かんとする際、余を慰むるに足るの唯一の事業なり」（以上、同前、一六頁）。

宣教師として「キリスト教伝播」に挺身した八か月こそ、生涯の最高峰なり、という認識です。

クラーク夫人の家系

クラークが宣教師以上の働きを札幌で出来た背景には、妻の存在が大きいですね。これまで、クラーク夫人のことは、ほとんど話題になっていません。ハリエットと言います。クラークの墓には Harriet Richards Williston と彫ってあります。クラークとミッションの関連を見る時には、夫人は不可欠の視点です。

まず彼女の叔父が、すごいんです。アメリカにもイギリスにあるようなミッションが必要だ、と最初に声をあげたのは、ウィリアムズ大学（アーモスト大学の姉妹校、かつライバル校です）の数人の学生です。有名な「干草祈祷会」という出来事です（拙著『魂の指定席』一三八頁以下を参照）。そのひとりが、叔父だった、というのです。

オーバーに言えば、ハリエットはアメリカン・ボードの発起人の末裔です。この叔父は、神学校を出てから、アメリカン・ボード宣教師になり、セイロンへ派遣されました。その弟がハリエットの実父です。父親もアメリカン・ボード宣教師になり、サンドイッチ諸島（ハワイ）伝道に従事します。

その間に生まれたのが、ハリエットです。だから、彼女のミドル・ネーム（Keopuolani）は、ハワイ語です（以上、同前、三頁）。

ウィリストンの養女に

ハリエットは、子どもの時に養女に行きます。養父はS・ウィリストンというクリスチャン実業家です。篤信な信徒でもあり、教育や福祉方面に大金を寄附しています。彼の名は、学校や校舎につけられて、残っています。

たとえば、ウィリストン・セミナリー。アーモストに近いイーストハンプトンにある高校で、ウィリストンが設立者です。大事なことは、ここがクラークの母校だという点です。同志社で言えば、D・W・ラーネッドです。ラーネッドは、クラークに対して、同校の後輩にあたるばかりか、ハリエットの親戚でもあります。

次に、ウィリストン・ホール。アーモスト大学にある校舎で、これまたハリエットの養父の寄附で建てられました。この一階が、クラークの職場（化学教室です）です。

この養父もまた、かつては牧師志望の青年でした。彼の父が牧師だったからです。しかし、A・ハーディーとまったく同様に、高校を中退せざるをえなかったので、実業界に転じ、大成功を収めました。養父の祖父が、二人揃って牧師、というのもすごいですね（同前、三～四頁）。

ハリエットの家系

このように、ハリエットの家系は牧師・宣教師を沢山出しています。もしも彼女が男だったら、宣教師になるべき運命だったかもしれません（女性はまだ宣教師になれない時代でした）。

クラークは、こういう背景をもった女性と結婚したのです。クラークの札幌行きを誰よりも喜んで賛成したのは、実はハリエットだったかも知れませんね。とりわけ、自分の親戚であるラーネッドが、京都ですでに宣教師として働いていることを知っていたとしたら、なおさらです。

クラークが、札幌からたびたび宣教師気取りの手紙を妻に書き送った理由が、これでお分かりいただけたでしょうか。帰国後、彼が宣教師として再来日することを望んだこと、これにも妻の強い進言や奨励があったのかもしれません。つまり、札幌に赴任する以前から、クラークは海外伝道やアメリカン・ボードとは、そんなに遠い存在ではなかったのです。

今日は、アメリカン・ボードと同志社という両面からクラーク（夫妻）を眺めてみました。クラークのイメージが、これまでとはちょっぴり違ってきませんでしたか。

（開拓の村講演会、札幌市・北海道開拓の村、二〇〇九年九月一二日）

「真之《の》自由教
会ト自由教育
を得セしめよ。
此《この》二件ハ、車
之両輪あるか
如《ごと》く、是非《ぜひ》ト
モナカラネハ
ナラサル者ト
確信 仕居《つかまつりおり》
候」

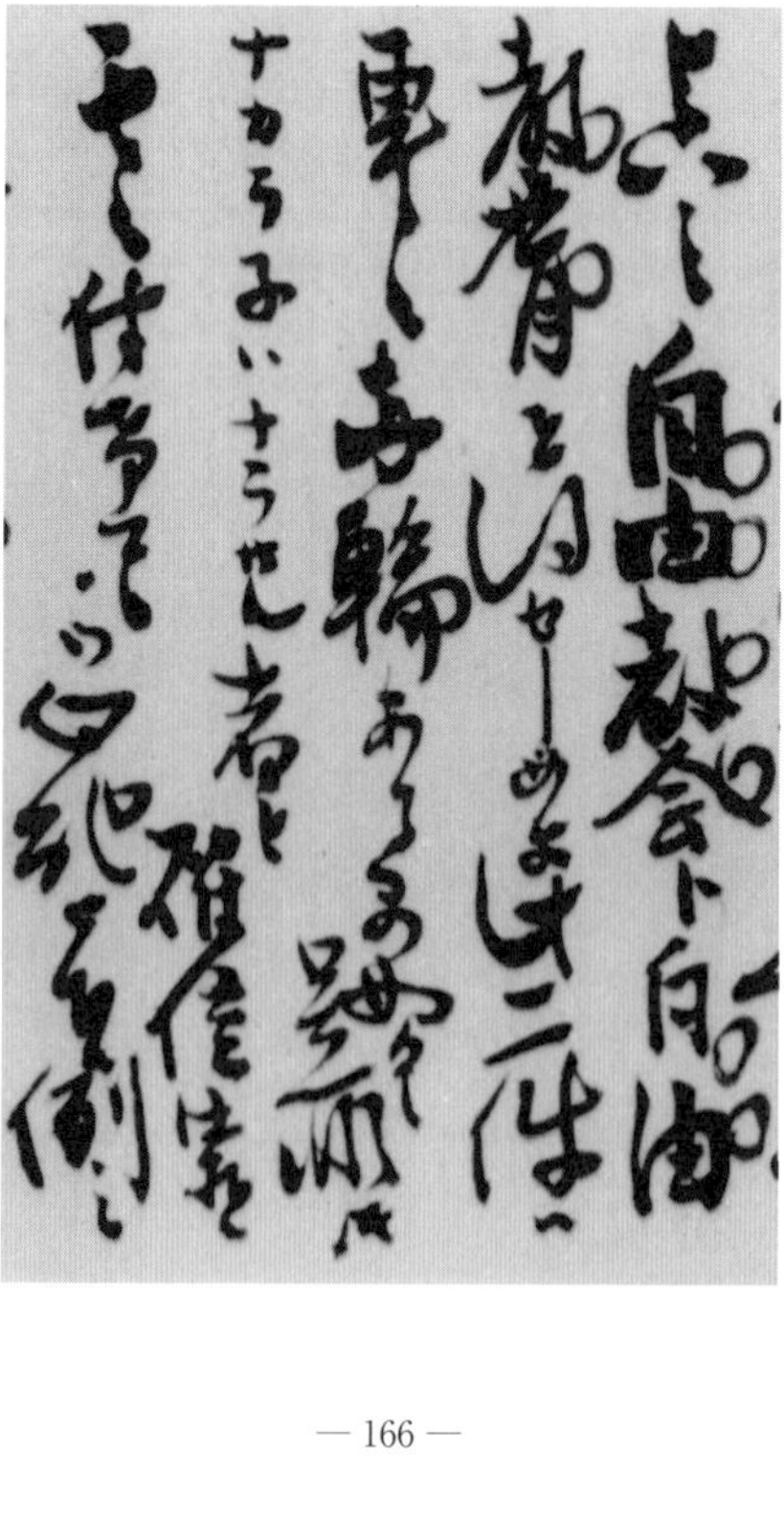

新島襄のことば（3）

最晩年（一八八九年三月五日）に教え子の徳富蘇峰に宛てた手紙の一節（④六七、傍点は原文通り）。教会と学校、それも「自由」を冠したものを並列進行させることが、文明開化には必須である、と考える。とくに精神的な文明化を進めようとするのが、リベラリストたる新島の特徴である。

それは、ピリグリム・ファーザーズ以来、アメリカのピューリタンたちが、ニューイングランドで採った文明開拓路線そのものである。教育者であると同時に牧師でもあった新島は、その方式を日本に移植し、再生しようとした（本書一九頁参照）。

札幌農学校と同志社

――リベラル・アーツ教育のパイオニア――

北大と同志社

皆さま、同志社にようこそ。お互いにクラークゆかりの大学ですね。と言えば、同志社にもクラーク会館があるのはさすがが、と誤解される方が、北大卒業生の中にいらっしゃるのでは、と心配になります。

「クラーク記念館」という名で知られる私たちのクラークは、皆さま方のW・S・クラークとは、まったくの別人です。こちらは、バイロン・ストーン・クラークです。大体、「クラーク」のスペルは、Clarkeです。札幌のClarkじゃありません（拙稿「B・S・クラークとは誰か」、『基督教《キリスト》研究』七〇の二、同志社大学、二〇〇八年一二月を参照）。

私たちのクラークは、新島襄と何の関連もありません。それに対して、札幌のクラークは、実は新島襄と密接な関係にあります。だから意外なことに、札幌農学校と初期の同志社男子校（英学校）は、この二人を媒介として、姉妹校のような関係にありました。

そこで、今日はふたりの創設者といいますか、初代校長の交遊の消息を前半で紹介します。後半は、その結果、両校は共通する遺伝子を持つようになりますので、いったいその中身は何か、ということを明らかにしてみたいと思います。

今日の集いは、北海道大学の卒業生、というよりも、北大恵迪《けいてき》寮出身者の同窓会、と聞いております。実家に里帰り、とまでは行かなくとも、京都の親戚の家に遊びに来られたような気分で、しばらくの間くつろいで下さい。

帰国を前にして

札幌滞在八か月のクラークのことは、よく知られています。が、あんがい知られてないのが、札幌以後の足取りです。実は離日の際、西日本をあちこち遊歴した後、横浜から帰国しています。

巡回の目的は、もちろん観光、あるいは視察です。だから、京都にも足を運んでいます。けれども、京都行きには特別の目的がありました。同志社を訪問し、新島襄を始めとするスタッフと面談することが、メインでした。

なぜその必要があったのか。札幌に置いて行く彼の教え子たち、すなわち「札幌バンド」のその後の指導をどうするか、が課題でした。宣教師はもちろん、牧師や伝道師がまったく不在の北の大地に、大事な学生信徒たちを置き去りにしたままの帰国だったのです。

クラークは同志社の信徒学生、すなわち「熊本バンド」との連携を期待しました。そのためには、帰国前に一度、京都に足を運び、新島や宣教師らと段取りを打ち合わせる必要がありました。

こうしてクラークは、わざわざ関西に立ち寄ります。妻宛の書簡には、「私は五月に京都にいる新島さんを訪問したいと思っています」と簡単に記すだけです。しかし、目的はそれだけじゃありません（以上、拙稿「新島襄とW・S・クラーク」一七頁、『キリスト教社会問題研究』五二、同志社大学、二〇〇三年）。

「マイ・ボーイ」

クラークが、京都に足を運んだのは、一八七七年五月のことでした。彼を迎えた同志社の学生、とくに「熊本バンド」の反応はどうだったのか。さいわい、卒業後ですが、二人の元学生による回想が残っています。

まずは亀山昇です。「曾《かつ》て札幌農科大学に聘《へい》せられたクラーク博士が米国に帰る前であったか、一度同志社にやって来たことがある。其《その》時、彼は〔新島〕先生のことを『マイ・ボーイ』と呼んでいた。彼はアーモスト大学で植物〔化学〕を教へてゐたそうだが、新島はアーモスト在学時代には非常に真面目な学生であったが、今でも真面目であるかなど云って、全く先生を親しいボーイ扱ひにしていた。其《その》時彼は先生に案内せられて、校内を巡覧しながら、一つ一つの建物に、少し宛の金を寄付して行ったと云ふことである」（同前、一九頁）。

クラークは「私の最初の日本人学生」新島を「マイ・ボーイ」と呼んで、目をかけています。それだけに、立派な施設、設備が備わった官立の札幌農学校に比べると、新島が校長を務める同志社は、実にみすぼらしく見えたに違いありません。あまりの貧しさに、献金せざるをえないほどでした。

実際、農学校でクラークが使った「すてきな大きな講義室」は、アーモストの「環境以上の条件」が備わっていた、と自分でも認めているくらいです（太田雄三『クラークの一年』一一二頁、昭和堂、一九七九年）。それにしても、同志社への献金は、クラークがキリスト教教育に大きな期待と信頼を寄せていた証拠です。

徳富蘇峰の回想

もうひとつの回想は、徳富蘇峰（いまだ十四歳）のものです。

「予は不幸にしてクラーク先生に接する機会を得なかった。然《しか》も新島襄先生を通じて屡《しば》ば先生に就いて聴いた。而《しか》して先生が日本を去らんとして、同志社を見舞はれたる際、余所《よそ》ながらその風貌を眺めた記憶がある。

当時、〔クラーク〕先生は同志社のデヴィス師に向て、新島のことは宜しく頼む、と云はれたとの噂さを聞き、扨《さて》もエライ先生かな、と少年の頭脳に深く印したことを、今尚想起する。蓋《けだ》し、クラーク先生は、新島先生の在米中、旧師の一人であったのだ」（「新島襄とW・S・クラーク」一九～二〇頁）。

「デヴィス師」とはJ・D・デイヴィスのことで、ミッション（アメリカン・ボード）が当初は神戸へ派遣した宣教師です。新島を助けて、同志社を立ち上げてからは、同僚のD・W・ラーネッドと共に初期の同志社の支柱でした。そのデイヴィスに「新島をよろしく」と頼みこむあたり、クラークはさすがに教え子の働きを気遣う恩師だけのことはありますね。

京都での会談

そのクラークは、京都で新島との面談が実現した後、その消息を次のように妻に報じています。

「京都で私はジョゼフ・新島師〔Joseph Hardy Neesima〕夫妻と一緒に食事をし、その地にいる〔アメリカン・ボードの〕宣教師をみな訪問しました。D・W・ラーネド師のところでお茶を飲みましたが、この人はJ・D・ホイットニーの甥ですから、私達の親類なわけです」（同前、一七頁）。

一方、新島もクラークの来校を恩師のJ・H・シーリー学長（アーモスト大学）にさっそく知らせています。「アーモスト農科大学のクラーク学長は先月〔先々月〕、私たちの所〔同志社〕に立ち寄って下さいました。大変楽しかったです。今頃は帰宅されていると思います。先生の感化を直接受けた学生たちの間で行なったすべての経験と、大成功したキリスト教的な働きを先生から聞いて下さる、とうれしいです」と（同前、一八頁）。

宣教師の新島にとっても、クラークが札幌で「大成功」したのは、教育実践よりも、むしろ「キリスト教的な働き」だったことが、窺えます。ちなみにシーリーという人は、アーモスト大学の看板教授で、当時は学長でした。そればかりか、アメリカン・ボードの有力会員であり、新島（それに内村鑑三も、ですが）がもっとも敬愛する恩師でした。

同志社で親戚に会う

もちろん縁戚関係にあるラーネッドも、クラークの件を報じております。ボストンのアメリカン・

ボード本部に宛てて、「アーモスト農科大学のクラーク学長が（同志社に）来校されました」と（同前、一八頁）。この通信自体が、アメリカン・ボードにとってもクラークの日本出張が、決して他所事《よそ》ではなったことを明瞭に示しています。

ちなみに、ラーネッドは、アメリカン・ボードが日本に派遣した宣教師です。終始一貫（延べで言えば、半世紀を越えました）、同志社教授だった人です。自分の遠縁に当たる彼を訪ねることも、クラークの同志社訪問の目的でした。

ラーネッドはクラークが卒業したウィリストン・セミナリー（アーモストに近いイースト・ハンプトンにあります）の卒業生（後輩）です。そればかりか、ラーネッドの母は同校創立者、S・ウィリストンの姪です。だから、血縁的にも同志社はクラークに近いと言えます。ちなみにラーネッドは後年、同志社大学の初代学長になる人物です。

もう一点、見逃せない事実があります。クラーク夫人のことです。実は、クラークの妻、ハリエットは、先のS・ウィリストンの養女でした。アーモスト大学にあるウィリストン・ホール（新島が三年間暮らした寮の隣りです）には、化学教室が備わっていますが、あの校舎は実は、ハリエットの養父が、娘婿が受け持つ化学の授業のために建ててやったものなんです。

おまけに、夫人の一族は、牧師や宣教師を何人も出した家系です。これがクラークに感化を与えないはずはない、と私は見ております（本書一六五頁以下を参照）。

アメリカン・ボードの活動を視察

さて、クラークは、京都に来て、同志社のすべての宣教師に会いました。そればかりか、神戸、大阪でもアメリカン・ボードの宣教師たちを訪ねて回ります。幸いにも前年の来日時に、横浜で聖書を寄贈してもらったＬ・Ｈ・ギュリックが、これまた親族に会うために、たまたま神戸に来ていました。ですから、彼とも再会できました。聖書三十冊を再び贈呈されました。これらは、内村鑑三や新渡戸稲造ら第二期生に配布されます。

クラークは、さらにギュリック一族〔五人〕はもちろん、Ｊ・Ｈ・デフォレスト夫妻にも会っております。特にデフォレスト夫人は、クラークの妹〔イサベラ〕の教え子でした。「ここ〔大阪〕にも賢明なことに、アメリカン・ボードの宣教師たちがいます。彼らは非常に立派な仕事をしています」とクラークは妻に報じています。ミッションへの評価は、すこぶる高いですね（同前、二〇頁）。

いよいよ神戸から横浜へ向けて出港する際、クラークは、関西で見聞したアメリカン・ボードの活動を次のように総括しています。

「京都、大阪、神戸に二十一人の宣教師がいます。五十か所以上で定期的に説教が行なわれ、学校も当地〔神戸〕には五十五人の生徒を擁する女学校が、そして京都には〔同志社〕神学校があります。後者は私の最初の日本人学生であるＪ・Ｈ・ニイシマ牧師が設立しました。現在の学生は六十五人で、大半が伝道師を目指しています」（同前、二一頁）。

女学校にも注目

宣教師意識がやや過剰気味の報告ですね。だから、クラークの目には同志社英学校は「神学校」に映ったらしいです。「熊本バンド」の最上級生を受け入れるために、一八七六年秋に「余科」（神学科）を設置していましたので、たしかに神学校の様相を一部は呈してはいますが。

また、クラークは「五十五人の生徒がいる女学校」にも注目しています。現在の神戸女学院で、やはり会衆派の「耶蘇《やそ》学校」です。「そこではサウス・ハドレー出身の教師が二、三人働いています」とクラークは記しています（同前、二一一頁）。サウス・ハドレーは、アーモストの南隣りにある街です。有名なマウント・ホリヨーク・セミナリー（今は、カレッジ）という女学校があります。アメリカ最古の女子大のひとつで、アメリカン・ボードの女性宣教師が最も多く輩出した女学校です。

したがって、そこの卒業生たちが立ち上げた神戸の「耶蘇学校」は、マウント・ホリヨーク・セミナリーがモデル校です。この点は、同志社女学校の場合も同様です。

宣教師に開眼

ところで、クラークは札幌で、並みの宣教師以上の功績を残しました。教育史ばかりか、キリスト教史にも大きく名前が刻まれる人物になりました。「札幌バンドの父」として、です。

彼自身にも、その辺りの自覚がありました。宣教師にがぜん開眼した、というか、宣教師気分に満たされております。したがって、農学校の将来だけでなく、「札幌バンド」の行方もまた、帰国後の彼の頭を占める主要問題となりました。

業務上、教育は「職務」（本務）ですから当然なのですが、伝道は当初、誰（本人？）も期待しなかった、いわば、「オプション」（業務外）、ないしは「奉仕」（ボランティア活動）にすぎません。

けれども、クラークにとっては、「奉仕」は「職務」に劣りません。この辺《あた》りの消息は、妻宛のクラーク自身の手紙から窺えます。「ここ（札幌）では骨を折るような仕事を進んでやろうという気になるから不思議です。百五十マイル四方に、一人の牧師もいない異教の地です。私達はその中に住んでいるのです」とあります（同前、一七頁）。

札幌が「異教の地」であること、これが、伝道に力点を置くようになったもっとも大きな要因になっている、それがここから窺えますね。アメリカでは目立たない、平凡な一信徒に過ぎなかったクラークが、札幌ではがぜん、いわば宣教師に変身したのです。

ただ、日曜の朝に約一時間の礼拝を守る、というのは、官立学校では、異例、というより、本来、違法です。が、それはともかく、ミッション派遣の普通の宣教師のやり方とは、違っています。型に嵌《は》めません。伝道方法は、「宣教師達のそれとは、まるで違っていた」と教え子の大島正健は回顧しています（大島正健著・大島正満補訂『クラーク先生とその弟子たち』一〇五頁、図書刊行会、一九七三年）。

「札幌バンド」の指導を託す

こうしてクラークは、自分が札幌を離れた後の「札幌バンド」の宗教的指導を関西の宣教師や同志社の新島、さらには「熊本バンド」に託して帰国いたしました。アメリカに戻った彼は、「札幌バンド」のひとり、佐藤昌介に宛ててこう書き送ります。「彼ら〔関西の宣教師たち〕が、これからも〔札幌バンドのことを〕熱心に祈ってくれるでしょう」と。

同時に新島に宛てては、札幌の教会には「上方《かみがた》〔関西〕ニアル兄弟〔組合教会信徒〕ト連絡ヲ通シ、向来ノ伝道ヲ計ルヘシ」とかねて勧めて来たので、今後の指導をお願いしたい、と要請いたします（同前、一二一頁）。

帰国後のクラークの関心事は、札幌の学校や信徒だけでなく、京都の学校や学生の動向も、でした。

同志社をサポート

このように日本で海外伝道に目覚めたクラークは、アメリカに戻ってからも、その方面での活動を開始、というか継続します。たとえば、帰国直後に、彼はアメリカン・ボードを支援する教会集会で講演をしました。札幌に行く前は、考えもしなかったことでしょう。新聞報道にはこうあります。

「クラーク学長は、彼の講演を一八七〇年にアマスト大学を卒業したジョセフ・新島〔新島襄〕についての興味深い話でしめくくった。学長は〔中略〕本を買うためのお金として新島に百ドル送りたいと言った。聴衆が解散している間にその訴えは満たされ」た、と（同前、一二一頁）。

クラークは、「札幌バンド」のひとり（内田瀞《きよし》）にも、「京都の新島牧師に日本語書籍の送付を、そして横浜のＬ・Ｈ・ギュリックには日本語聖書等の送付を依頼するように」といった指示を出します

（同前、一二二頁）。かねての人脈を有効に利用するように、との助言ですね。

内田がさっそく新島に協力を要請したことは、もちろんです。新島の内田宛書簡（③一六一～一六二）から窺えます。そこには「錦地《きんち》学校も益《ますます》盛大ニ趣キ、且《かつ》真神ノ道モ竝《ならび》ニ進ム事実ニ大見事ト云ヘシ」とあります。

その後もクラークは、京都（同志社）や阪神地方の宣教師と交流（文通）を続けたようです。現在、同志社（新島遺品庫）には、演武場竣工式や第一期生集合、第二期生集合などといった初期札幌農学校の写真数枚が収蔵されています。説明（キャプション）が英語で書き入れられていますから、もともとは同志社の宣教師が保存していたものです。あるいはクラークから送られたものでしょうか。

アーモストで再会

京都で旧交を暖めてから八年後のことですが、クラークと新島は一八八五年にもアーモストで歓談しております。新島は保養のため二度目の渡米をした折り、クラークを自宅に訪ねました。クラークはすでに大学を退職し、種々の事業に手を出すものの、すべて失敗し、不遇のうちにいました。そうした彼には、かつての教え子の、しかも海を越えての訪問は、さぞかし一服の清涼剤であったろうと思われます（同前、一二三頁）。

積もる話の中では、「札幌バンド」や彼らの拠点である札幌教会（現札幌独立基督《キリスト》教会）の件が、当然出ます。会見後、新島はさっそく、自分の教え子でもある「熊本バンド」の有力者、小崎《こざき》弘道（霊南坂教会牧師）に書を寄せます。そこでは、クラークのことを「日本好キノ人」、特に「札幌ニハ甚熱心ノ人」とか「札幌大好物ノ人」と形容しております。ここから、クラークの胸中には、依然として札幌への熱き想いが消えずに残り、健在であったことが、明白です。

新島は、札幌の信徒たちに「上方《かみがた》ニアル兄弟」と連絡をとらせたい、というクラークが開陳した伝道方針を小崎に伝えました。「熊本バンド」の金森通倫《みちとも》を夏の間だけでも札幌伝道に派遣したい、との希望も述べました。もっとも、この私案は、小崎を始め、海老名弾正《だんじょう》、横井時雄、宮川経輝《つねてる》といった「熊本バンド」の主要な指導者が、同意してくれれば可能だろう、とも付け加えました（③三三七、三四二）。

新渡戸と内村

ちなみに新島はこの年、ジョンズ・ホプキンズ大学に行ったおりに、「札幌バンド」の佐藤昌介や新渡戸（当時は、太田）稲造と接触しています。新島は新渡戸に対して、同志社教員として招聘したい、と誘いをかけてみました。が、断られています。

この時の新島の期待に沿えなかった痛みは、いつまでも新渡戸の心中から消えなかったようです。新島の死後、新渡戸が同志社理事を一時期、引き受けたのは、いくぶんかはその時の借りを返すような、埋め合わせ的な気持ちが混じっていたのかも知れません（拙稿「新渡戸稲造」五四～五五頁、同志社編『同志社山脈』、晃洋書房、二〇〇三年）。

それはともかく、留学中の新渡戸は、友人の内村鑑三が直面している人生問題を新島に伝え、ぜひ救っていただきたい、と依頼しました。近くにいた内村は、翌朝一番に新島のところへ飛んできました。そして、新島の推薦を得て、アーモスト大学へ入学します。それ以後の、内村と新島との交流は、よく知られた話なので省略します（拙稿「新渡戸稲造と同志社」、『新渡戸稲造研究』一三、新渡戸基金、二〇〇四年九月を参照）。

札幌教会と新島襄

新島とクラークの交信が、最も盛んになるのは、双方の晩年のことです。現在、同志社（新島遺品庫）には新島宛クラーク書簡が全部で七通、収蔵されています。主たる話題は、「札幌バンド」の動向と指導をめぐるものです。他には、同志社への書籍贈与、植物種子の交換、隕石、京都府農牧学校の外国人教員推薦などが、主な話題です。この中には、「アメリカのクリスチャンたちは日本の宣教活動に大きな関心を払っています」という注目すべき一文も含まれます（同前、一二七頁）。

一八八四年にいたって新島は、「札幌バンド」が立ち上げた札幌教会（創立は一八八二年十二月）の人事について相談に預かります。札幌サイドの東京での窓口は、内村でした。

内村は、東京で新島に再三再四、接触します。時には渡瀬寅次郎（札幌農学校第一期生）が内村に同行することもありました。内村の依頼とは、こうです。現在、牧師を務めている大島正健（札幌農学校教員を兼務）と交替するために金森通倫《みちとも》（ご存じ熊本バンドのひとりです）を専任牧師として派遣してほしい、というのです。結果的には、これは実現せずに終わりました。

ついで、クラークは、翌一八八五年にアメリカで新島と再会した折に、直接、「札幌バンド」の指導について協議しました。会談後、クラークは教え子の内田瀞に宛てて、「京都の神学校の創立者で校長である新島ジョゼフ牧師が、最近私に会いに来て、君の〔札幌〕教会の独立について私の考えに同意してくれました」と報じています（同前、二四頁）。

教会の「独立」に関して、両者は共同歩調をとることが確認されたわけです。ただ、それより一年後にクラークは、不遇から立ち直る間もなく、世を去りました。

新島の札幌滞在

クラークが亡くなってから二年後の一八八七年、保養と避暑のために新島夫妻は、札幌で二か月を過ごしました。七月七日に札幌に着いた夫妻は、福士成豊（卯之吉。かつて函館で新島の密出国を助けた人物。すでに札幌の名士になっていました）、大島正健らに出迎えられ、福士の持ち家（現在は札幌厚別・北海道開拓の村に移築）に入りました。

以後、同家を借家して九月まで、札幌に滞在します。着いた翌日の八日、さっそく大島正健と小寺甲子二（札幌農学校第五期生）が、新島を訪ねて来て、札幌教会の独立問題等を新島と協議しております。新島はクラークに代わって信徒たちに指示を出す立場に立たされていたことになります。

九日には、今度は新島の方から、札幌農学校仮校長・佐藤昌介を訪ねました。一八八五年にジョンズ・ホプキンズ大学で面談して以来の再会です。十日の日曜日には、札幌教会の礼拝に参加します。大島正健が説教した後、新島は請われて会衆に奨励（感話）を行ないました。新島の目には、この教会はさだめし亡きクラークの「忘れ形見」、と映ったのではないでしょうか（以上、同前、二八頁）。

札幌農学校を見学

七月十一日に至って、新島は教え子の宮川経輝《つねてる》（大阪教会牧師）に書簡を寄せ、大島から「上方《かみがた》地方より是非壱人、加勢となるへき人を招き度《たく》」との依頼を受けたことを伝え、人選を要請しました（③四七三）。

続いて十二日にも、同志社卒業生、金森通倫（同志社教会牧師）に同じ内容を手紙で伝え、馬場種太郎（同志社出身者）に札幌行きを勧めてほしい、と頼みました。新島は、いうならば「教会顧問」役を期待されていましたので、「札幌バンド」に対する指導者の人選と派遣を「熊本バンド」にしきりに頼みこんだ、というわけです（③四七四～四七五）。

十四日、佐藤昌介の案内で、新島は札幌農学校を初めて視察しました。恩師のクラークが、札幌教会と共に、札幌に残した今ひとつの「忘れ形見」でした。クラークが立ち上げたこの「アメリカ方式」になった学校」、さらには「札幌バンド」の発祥地ともなった農学校は、新島の目にはどう映ったでしょうか。農学校はすでに創立十年を経て、かつて校内を支配していた宗教的なテンペストは、すでに「台風一過」状態であったはずです（同前、二九頁）。

北海道伝道

新島は札幌に限らず、もちろん周辺各地にも足を伸ばしました。大島の案内で市来知《いちきしり》伝道所を出張訪問したり、大島らと定山渓《じょうざんけい》へ遊行して二泊したりします。

新島は九月に札幌を引き揚げます。その後、十月になって馬場種太郎という同志社出身者が、札幌教会の伝道師に赴任します。新島は、さぞかしほっとしたことでしょう。ちなみに、馬場の後任もまた、同志社出身の中江汪《おう》です。

その後も、新島は札幌教会の独立問題に深く係わります。平信徒である大島正健が、牧師代理として教会運営を担うことには問題がある、と判断します。そのため、新島は大島が正規の牧師となる儀式（按手《あんしゅ》礼、一八八八年）を受けられるように配慮を惜しみませんでした（同前、二九頁）。

ふたつのバンドを繋ぐもの

大島にはこの時の新島の指導と好意は、終生忘れられませんでした。それが後に同志社教授に転じる要因となります。馬場や中江とは逆の動きであり、いわば「相互乗り入れ」です。いずれも新島にしてみれば、クラークへの恩返しでもあったはずです（拙稿「大島正健」、『同志社時報』一一五、二〇〇三年三月を参照）。

要するに、新島はクラークの役割を引き継ぐような形で、自他共に札幌教会の陰の指導者になりました。こうして、熊本と札幌で別々に生まれたふたつの信徒集団（バンド）が、京都を媒介としてひとつに結ばれたのです。

クラークと新島は、もともと「アーモスト的世界」、すなわち会衆派教会やアメリカン・ボードが支配的な世界に生きた人間でした。だから、一方は「札幌バンド」の生みの親となり、他方は「熊本バンド」の育ての親となる幸運に恵まれました。それればかりか、今度は逆に、両バンドがクラークと新島を連携させます。

新渡戸の「太平洋の架け橋」流に言えば、ふたりは両バンドの「架け橋」となりえたのです。彼らは心中密かに、「北海道を日本のアーモストに！」を合言葉に共働したのではないでしょうか。

しかし、当時の同志社は全体としては神学校ではなく、あくまでも普通教育（リベラル・アーツ）を行なう「英学校」（普通学校）であることに変わりはありません。

リベラル・アーツ（徳育）

これまで見てきたようなクラークと新島との交流を踏まえれば、彼らが立ち上げたと言うべき札幌農学校と同志社英学校が、姉妹校であることは、もうお分かりいただけたか、と思います。で、次に教育の中身を分析することにより、一層、両校が近い関係にあることを立証してみます。

結論を先に申し上げます。教育内容や教育方針に関して言えば、両者とも、「リベラル・アーツ教育」を目指しました。その特徴は、いくつもあります。

まず、そのひとつが、知育だけじゃなくて、徳育や体育にも力を入れる点です。あるクラーク伝には、「教育者として、理想に近い完全無欠な人物で、学校の徳育、知育、体育に関し、稀《まれ》に見る識見を有し」ていた、とあります（『クラーク先生とその弟子たち』七五頁）。前半はともかく、後半は当たっています。

クラークは、単なる実業教育や技術教育を施すために札幌に来たわけじゃありません。少なくとも、自分ではそれとは別の自負がありました。徳育です。つまり、精神教育を授けました。一期生たちに聖書を配布したのも、そのためです。

修身学

クラークとしてはニューイングランド・スタイル、とりわけアーモスト方式の学校を目指す以上、農学校の教育実践は、キリスト教抜きには考えられません。

その点、興味深いのは、演武場（いまの「時計台」）の一階です。「英語と修心学」（English and Moral Sciences）のための専用教室が、（クラーク以後のことですが）設けられています。今朝、会場入りの前に現地に行って、確認して来ました。

「モラル・サイエンス」は普通、「修身学」と訳されますが、札幌では「修心学」となっていました。この方が、実態に合っているかもしれませんね。「徳育」、つまり「心の教育」を指す、と思われるからです。新島もクラークの「修身学」、あるいは「脩身学」にちゃんと関心を寄せています。それこそが、「無神ノ学校」（非宗教系の官立学校）である札幌農学校であっても、人格教育を可能とするからです（②三七四、四七〇）。

それにしても、農学校が「徳育」のための特別教室をわざわざ設けていたなんて、これはまさにアーモスト大学の教育内容に通じます。

リベラル・アーツ（体育）

体育もそうです。リベラル・アーツには不可欠な教科です。「時計台」の二階に上がるとよく分かるのですが、「演武場」（Military Hall）は、アーモスト大学のバレット体育館そっくりです。

モデルにしたのかも知れません。バレット体育館は、全米で初めての大学体育館です。建物が第一号であるだけじゃなくて、保健体育科を設置したのも、アーモスト大学がアメリカでは、初めてです。

要するに、アーモスト大学は、アメリカの大学体育の発祥地です。札幌農学校のカリキュラムを調べると、その影響が日本に及んでいることが、分かります（拙稿「日本における体育の始まり——水脈としてのマサチュセッツ州アーモスト」、『キリスト教社会問題研究』五七、同志社大学、二〇〇八年一二月を参照。拙著『アメリカン・ボード二〇〇年』二九五頁以下に再録）。

札幌に関しては、「北の守り」という観点から、体育が軍事教練の色彩を濃厚に帯びるのは、やむをえません。あの岩倉使節団も、マサチュセッツ農科大学の軍事教練を視察して、その導入を図ろうと思いついた、とも言われていますから。

体育館や遊戯会

岩倉具視にしても、こと軍事教練に関する限り農学校には不可欠なもの、との判断だったようです。ミリタリー・ホールの竣工時には「演武場」の館名を自ら揮毫《きごう》しています。しかし、札幌が日本における体育の発祥地のひとつであることには、間違いありません。

クラークは冬のアウトドア・スポーツや登山、山野の跋渉《ばっしょう》にも熱心でした。農学校が早くからスポーツや運動会（遊戯会）などに積極的に取り組むようになったのは、クラークを始めとするお雇い外国人教師抜きには、考えられません。一八七八年に始められた「遊戯会」は、「日本スポーツ史における陸上競技の草分け」とか、「日本陸上競技の濫觴《らんしょう》」などと呼ばれています（佐藤幸雄『北大陸上競技史』北海道大学出版会、一九九〇年、参照）。農学校には不釣合いな出来事ですが、それを可能にしたのが、リベラル・アーツです。

一方の同志社も、体育の先進校であったことは、あまり知られていません。が、やはり当初からこの方面には相当の力を入れました（詳しくは、拙稿「初期の同志社は体育の先進校」、『同志社時報』一二五、二〇〇八年四月を参照）。

人間形成

リベラル・アーツ教育の二番目の特色、それは、人間形成です。知育、徳育、体育による「全人教育」と言い換えてもよいでしょう。技術や資格を取得する前提として、まず人造り、すなわち人間的な基礎工事が肝要だ、という認識に立つ教育です。そのためには、宗教（この場合はキリスト教）をベースに教育を行なう必要があります。

やや乱暴に言ってしまえば、近代初期の日本の教育で、まっさきにこの教育を実践しようとしたのは、北では札幌農学校、南では同志社です（新井明『北越の学び舎《や》で』二頁、敬和学園大学、二〇〇九年）。大事なことは、そのモデルがいずれもアーモストだ、ということです。

宗教教育は、官学では本来、期待しえないのですが、そこは、クラークです、聖書を土台にした人格教育を札幌で、しかもあろうことか、官学でやろうとしました。かねてキリスト教に批判的であった福沢諭吉も、晩年には宗教教育を考えたくらいです。ただし、宗教を教育のために「利用」しようとするような彼のやり方、あるいは宗教観は、「浅薄というほかない」と矢内原忠雄から、批判されています（『矢内原忠雄全集』二一、一六五頁、岩波書店、一九六四年）。

矢内原は東大総長として、こう言っております。「私たち国立大学においては、教育と宗教は明白に分離されております。宗教から分離された教育が、はたしてどれだけの効果をあげることが出来るか、それは一つの問題であります」（同前、八二六頁）。さすがに、内村鑑三の弟子らしい発言です。

その矢内原に、つぎのような指摘があります。「明治の初年において日本の大学教育に二つの大きな中心があって、一つは東京大学で、一つは札幌農学校でありました。この二つの学校が、日本の教育における国家主義と民主主義という二大思想の源流を作ったものである」（同前、二七七頁）。

帝国大学の教育

札幌の農学校が民主主義の、そして東京の帝国大学が国家主義の流れを創った、という指摘です。

これに続けて、矢内原は主張します。

「日本の教育、少くとも官学教育の二つの源流が東京と札幌から発しましたが、札幌から発したところの、人間を造るというリベラルな教育が主流となることが出来ず、東京大学に発したところの国家主義、国体論、皇室中心主義、そういうものが、日本の教育の支配的な指導理念を形成した。その極、ついに太平洋戦争を引起こし、敗戦後、日本の教育を作り直すという段階に、今なっておるのであります」（同前、二七八～二七九頁）。

日本のリベラル・アーツの潮流は、東京大学を先頭とする国立大学に飲み込まれてしまいます。この事実は、見逃してはなりません。「人間を造るというリベラルな教育」（傍点は本井）を「国家主義」的な教育に対峙《たいじ》させる、という図式、あるいは捉え方、これが大切です。

その意味では、皆さまの札幌農学校は、官立でありながら、きわめて特異な地位を日本の教育史では占めていたことが、お分かりですね。

「リベラルな教育」

矢内原の先の主張は、官学に限定されています。もしも私学を入れるならば、同志社は札幌農学校と同じ民主主義的な潮流に属します。だから、国家主義的な東京大学とは、（札幌と同様に）明らかに路線を異にします。

札幌や同志社は、リベラルな、すなわち民主的な「人間を造る」ための学校です。こうした人格形成が何よりもまず大切だ、と考えるのが、リベラル・アーツ教育の大きな特徴です。日本の学校では、初発からすでに少数派であったこの潮流は、一時は水面下に埋没したかのようでした。が、どっこい、生きていて、やがて戦後に息を吹き返します。

GHQ（アメリカ主導の占領軍司令部）が、それを復興させようとしたからです。こうして、戦後に発足した新制大学の教養課程は、アメリカのカレッジで行なわれてきた、伝統的なリベラル・アーツ教育（これはヨーロッパの大学にも見られない、アメリカ独自の教育システムです）をベースにすることになりました。

それは、本質的には、官学では札幌農学校に、私学では同志社に、かつて一八七〇年代にニューイングランドから持ち込まれた教育にほかなりません。矢内原は、戦後いち早く新制東京大学に教養学部（リベラル・アーツ学部です！）を立ち上げる試みに着手しました。

ある意味、リベラル・アーツ教育の先駆たる札幌農学校での教育を復活させることに繋がります。恩師である内村鑑三が、札幌農学校、ついでアーモスト大学で体験した本場のリベラル・アーツ教育を駒場でも再現できないか、といった想いが、矢内原にはあったんではないでしょうか。

北大の全人教育

矢内原が戦後の東大で教養学部を立ち上げたのは、そもそもなぜか。専門教育を施す前に、幅広い教養を身につけた円満な人格者を生み出す必要性を認めたためでした。それは、札幌でクラークが目指したものと、ほぼ同一です。

じゃ、札幌農学校から発展して大学となった北大の場合は、どうでしょうか。さすがに農学校の系譜を重視する北大だけに、リベラル・アーツの精神は、戦前では北海道帝国大学予科に、そして戦後は北大の一般教育に受け継がれた、と言われています。さらに近年では学部一貫教育において、「コアカリキュラム」による教養教育という形で生かされようとしています。

現在の北大が、「全人教育」を基本理念の一つに掲げているのも、肯けます。今の北大は、リベラル・アーツをこう定義していますね。「全人教育とは、専門知識に留まらず、豊かな人間性と高い知性を兼ね備え、広い教養を身につけた人間の育成を図る教育のことをいい、それを支えるのがリベラル・アーツと呼ばれる教養教育です」と。

「紳士たれ」

リベラル・アーツに関しては、クラークに名言があります。Boys, be ambitious !と並ぶ有名な文言です。Be gentleman !です。伝説によれば、ある人（時に、北海道開拓長官の黒田清隆だ、とされたりします）から、こまごまとした校則の草案を見せられた時に、クラークは即座に、「長い。ひとつあれば十分」と答えます。代わりに示したのが、この「紳士たれ」というモットーだ、というのです。クラークは開校直後、学生にもそのことを公言したようです。前身校で定められていた、極めて細かい規則は、今後、一切、廃止する。自分が君たちに望む鉄則は、ただ「紳士たれ」に尽きる、と訓示しました（『クラークとその弟子たち』九三頁）。

いわゆる「法三章」ですね。この鉄則はリベラル・アーツの教育理念が持つ一面をうまく表わしております。ちなみに「法三章」といえば、新島襄もまったく同一路線です。新島流に言えば、「学生を規則ではなくて、真理で縛る」のが、同志社特有のリベラル教育なんです。

しかし、この手の教育は、日本では、今も昔も少数派です。

最後の海軍大将・井上成美《しげよし》

けれども、なんと戦前、それも日本海軍で、リベラル・アーツを実践した軍人がいた、というのですから、驚きです。最後の海軍大将と言われた井上成美です。彼は戦争中でも海軍兵学校で「敵性語」の英語を教えることを止めませんでした。彼は、リベラル・アーツのことを独学したんでしょうね、この精神で軍人教育をやろうと努めました。陸軍じゃ、考えられません。

「兵学校は丁稚《でっち》を作るにあらず。海軍のジェントルマンを作るにあり」。これが、彼の信念でした（『北越の学び舎で』一一〇頁）。ちなみに、多磨霊園には、東条英機や山本五十六《いそろく》といった海軍大将の壮大な墓が、立っております。同じ霊園に井上の墓もあります。しかし、東条などの墓とは、天地ほどの差があります。彼の人柄が偲ばれる、実にささやかな墓です。海軍大将にしては、なんとも目立たない、あっけないほど質素な墓です。

「ジェントルマンたれ」と宣言する井上は、期せずしてクラークの教育方針を継承する自由教育者です。クラークも新島も、紳士たるものは、規則に縛られて行動するのではない、外からの力で身を律したりも、しない、あくまでも自己の良心に従って身を処しなければならない、という信念の持主でした。

大島正健を介してクラークに私淑する人に石橋湛山《たんざん》（元首相）がいます。彼は、クラークが望む「紳士たることの第一の資格」を、「常に自己の良心に忠実である」ことに求めています（『クラーク先生とその弟子たち』九頁）。同志社の場合、そうした紳士を造り出す教育を、新島の遺志を汲んで「良心教育」と呼んでおります。

寄宿舎学校

最後に、リベラル・アーツの三番目の特色です。二十四時間教育です。学内に校長（学長）を始め、教職員と全校学生がともに住むことが前提です。そのために寄宿舎が完備しております。アーモスト大学の場合、全校で三百人以下だった新島時代はもちろん、現在でも全学生（千数百人）がキャンパスに住むのが、原則です。いわゆる寄宿舎学校（a boarding school）です。

教室だけでは「頭の教育」は出来ても、「こころの教育」は出来ない、という考えから来ています。

人造りには、異質な者同士が寝食を共にし、人格と人格とが日常的にぶつかり合う、という濃密な人間関係が不可欠だからです。

開校した時の札幌農学校がそうです。校地で一番、場所をとったのは、寄宿舎です。それに比べれば、あの演武場（時計台）など、可愛いものです。クラークも、同僚の二人の外国人教員や通訳の内藤と共に校内の同じ家に住み込みました（『クラークの一年』一一三頁）。

皆さまが青春を過ごされた恵迪寮《けいてき》は、北大を代表する寄宿舎（定員五百八十人）ですよね。古い時代の木造建てのものが、一部、ここの北海道開拓の村に移築され、公開されています。私も先ほど実際に見学して来ましたが、なかなか壮大なスケールですね。

初期の同志社も、地元から生徒が来てくれなかったこともあって、実質、寄宿舎学校でした。最初に建てた校舎は、寮二棟と食堂——それだけでした。教室は寮の一部（一階）を間借りして、そこで授業が行なわれました。いわば、「寮の中の学校」です。それほど寄宿舎中心です。

共通の遺伝子

これまでのお話しで、クラークの学校と新島襄の学校が、人的交流からも、教育内容からも、姉妹校と言っていいほど、重なり合うことが、お分かりいただけたでしょうか。両校は初期に遡《さかのぼ》るほど、キリスト教の感化が強く、校内から「札幌バンド」と「熊本バンド」という強力な学生信徒グループが生まれたことも、忘れてはなりません。

このことは、日本のプロテスタント史で特筆されております。ふたつのバンドは、「横浜バンド」と合わせて日本プロテスタントの三大源流、とされています。

加えて、そのモデルはアーモストにある二つのカレッジ、すなわちマサチュセッツ農科大学とアーモスト大学でした。クラークと新島という類稀《たぐいまれ》な日米の師弟コンビは、ともに母校、職場であるこれらの学校を日本に移植する試みを手掛けたことになります。これも当然、というか、ごく自然なことです。

とりわけ教育方針に関しては、そうです。リベラル・アーツ教育の実践です。札幌と京都は、日本におけるリベラル・アーツ教育の発祥の地となりました。この事実は、もっと強調されるべきですね。体育やスポーツの先進地であったのも、この結果のことですから。

このように両校は、よく似た遺伝子をもつ姉妹校でした。リベラル・アーツ教育の面では、ともに日本におけるパイオニアです。両者の交流の起点は一八六七年、すなわち新島がアーモスト大学でクラークから化学を習った時まで遡ります。

「クラーク」が取り持つ縁

以上、両者の緊密な関係を知れば知るほど、この教室からも見えるあのクラーク記念館が、札幌のW・S・クラークを記念して建てられた、と間違われる可能性が、かえって増えるような気がします。皮肉なことですね。W・S・クラークが取り持つ縁が、確かに事実であるだけに、痛し痒《かゆ》し、といったところです。

それにしても、私どものあのクラーク記念館は、ステータスから言えば、北大の「時計台」に相当します。ともに国指定の重要文化財です。同志社の方もわが学園のランドマーク、シンボルとなっています。その点、アーモスト農科大学が発展した今のマサチュセッツ州立大学（UMASS）にも「クラーク・ホール」がありますが、学内では埋没しています。シンボルどころじゃありません。

それに対して、札幌と京都は恵まれています。皆さまがたは、ぜひ、両方のクラークの違いを熟知されたうえで、札幌農学校と同志社英学校が同じ遺伝子を数多く共有していた事実をしっかりと確認してください。共にリベラル・アーツ教育の先進校です。

その背景にあったもの、それはクラークと新島、さらには北大と同志社を結ぶ特異な関係でした。ご了解いただけましたでしょうか。

（北海道大学関西同窓会開識社講演会、同志社大学弘風館、二〇〇二年八月三一日）

「我が大学の空気は自由なり」

新島襄が起草した「同志社大学設立の大意」の中に出る文言（同志社編『新島襄　教育宗教論集』六六頁、岩波文庫、二〇一〇年）。自由を求めて日本を飛び出した新島は、アメリカ留学中、自由を満喫した。当時のニューイングランドは、建国時代に始まる古き佳《よ》き時代の伝統を引き継ぐ、自由の天地であった。

新島は、「日本で初の自由独立人」（木村毅《き》）となってアメリカから帰国した。「元祖リベラリスト」が建てた学園が、自由でないはずはない（拙著『元祖リベラリスト』）。

新島記念館からクラーク記念館へ
――B・S・クラークの忘れ形見――

消えた新島記念館

「クラーク記念館」、英語では長いんです。バイロン・ストーン・クラーク・メモリアル・ホール(Byron Stone Clarke Memorial Hall)と言います。同じクラークでも札幌のクラーク(W. S. Clark)とは、まったくの別人です。

実は、ここ今出川キャンパスに建つ建物は、当初は「新島記念神学館」のはずでした。一八九〇年に新島襄が死去したさいのことです。新島を悼んで、記念の神学館を建てよう、との声が卒業生などの中から上がり、さっそく募金活動が始りました。

けれども、募金は、順調には進まず、一年経っても成果は、はかばかしくありません。卒業生の総数が、今みたいに三十万人とかじゃなくて、二百人以下の時代ですから、どだい無理な話しですよ。計画は頓挫寸前でした。そこへ、アメリカから朗報です。ニューヨーク州ブルックリン市(現ニューヨーク市)に住むクラーク夫妻が、亡くなった息子の追悼のため、一万ドルを寄附してもいい、というのです。ただし、死んだ息子の名前を建物につける、というのが、第一条件でした。

こうして、館名から新島の名前が消え、夫妻の子息であるバイロン・ストーン・クラークの名前が浮上した、というわけです。以来、今日に至るまでこの今出川キャンパスには、新島の名を冠したカンムリ建造物はありません。

闇の中のクラーク

一方、名前が残ったクラークの方ですが、これまた、不思議というか、不可解なことに、「クラークって誰?」と聞かれて詳しく答えられる人は、いまだに学内でも皆無です。たとえば、期末レポートの指定題にした場合、まあ、全員不合格でしょう。書くこと、ないですね。これでは、クラーク記念館の代名詞とも言うべき「同志社のシンボル」が、泣きますよ。

そもそも、なぜ夫妻が同志社を指名したのか、これも不明です。この一家と新島、まして同志社とはまったく接点がありません。彼らは京都や同志社がどこにあるか、というより、日本なんて知らなかったはずです。

要するに、謎だらけなんです。一階ホールの壁に、建物の由来と、両親の肖像写真(二枚)が、それぞれ掲示されています。でも、肝心の「亡き子息」(Byron Stone Clarke)は、容貌にしろ、経歴にせよ、分厚《ぶ》いベールに包まれたままです。館内に掲示されているタブレットにある次の文言だけが、唯一の頼りです(この掲示も、寄附の条件でした)。

「一八九一年一月に二十三歳で永眠。神の言葉を学ぶことを好んだ」。

もうひとりのクラーク

今春（二〇〇八年三月）、十億円の費用と五年におよぶ歳月をかけた復元修理工事が竣工しました。クラーク記念館は、生まれた当時の秀麗な姿をみごとに蘇えらせました。二階には、四十数年振りにかつての集会室、昔は「講堂」と呼ばれていました、が見事に復元されました。今回、幸いにも私の提案が通り、新たに「クラーク・チャペル」と改称されました。

このチャペルでの記念すべきイベント第一号は、神学部の講演会でした。幸運にも私が講師第一号でしたので、クラーク記念館の歴史《あゆみ》を話しました。終わってから、当日の話を文章にし、「同志社神学館の変遷――三十番教室からクラーク神学館へ――」と題して、『基督教《キリスト》研究』（七〇の一、同志社大学神学部、二〇〇八年七月）に掲載しました（後に拙著『アメリカン・ボード二〇〇年』に再録）。

そこでも触れたんですが、クラーク夫妻は、どうやらトルコあたりに神学館を寄贈するつもりで、アメリカン・ボードというミッションに寄附を申し出たようです。それを同志社に振り向けてくれたのが、「もうひとりのクラーク」（N. G. Clark）、つまりアメリカン・ボードの総幹事だったのです。

彼は新島にとっては、同じアンドーヴァー神学校出身の先輩牧師です。それればかりか、新島の「アメリカの父」でもある理事長のハーディー（A. Hardy）と組んで、アメリカン・ボードを長期にわたって動かしたキーパーソンでした。

この総幹事は、新島がアメリカ留学中の頃から、なにかと世話をやいてくれました。帰国後の新島、ひいては同志社の良きサポーターでした。当然、新島記念神学館の計画と募金活動についても、目配りを忘れませんでした。

そういう意味では、同志社のクラーク神学館は、「複数のクラーク」の尽力で出来た建物、と言えなくもありません。

「隗《かい》より始めよ」

ところで、先の講演の最後を、私は次のような言葉で締めくくりました。

「それにしても、クラーク家の情報は少なすぎます。両親の履歴同様、神学生といわれた子息の経歴や写真も入手できていません。彼の父親の名前さえ正確に掌握できていない有様です。かろうじてByron W. Clarke と推測されるだけです（*Missionary Herald*, p.397, Oct. 1891 参照）。ひとまず、Byron W. Clarke（父）と Helen Stone Clarke（母）の息子が Byron Stone Clarke であるとしておきます。こうした名前の特定を含めて、クラーク一家の究明は、同志社に課せられた今後の大きな課題です」（「同志社神学館の変遷」一二一頁）。

総幹事のクラークのことは、さすがに比較的知られています。問題は、B・S・クラークの方です。いつまでも、個人消息が闇の中では、同志社の怠慢が責められても、仕方ありません。

そこで、この講演を契機に、まずは「隗より始めよ」です。すぐに四月から暗中模索のなか、調査を試みました。そこへ、夏には強力な助っ人の参入です。北垣宗治氏（同志社大学名誉教授）が、調査に加担されました。その結果、かなりのことが判明しました。今日の講演は、私にとってクラーク・チャペルでの二回目の話しなんですが、前回のお約束を果たす意味からも、それ以後に判明した新事実を紹介いたします。

死亡記事を発見

最初の手がかりは、『ニューヨーク・タイムズ』（*The New York Times*）でした。一八九一年一月十九日号にバイロン・ストーン・クラークの死亡記事を見つけました。

「バイロン・ストーン・クラーク。一月十七日、土曜日、ニュージャージー州プリンストン市で〔死去〕。二十三歳。ニューヨーク州ブルックリン市のバイロン・W・クラークとヘレン・ストーン・クラークの子息。葬儀は身内で〔執行〕」（〔　〕は本井）。

わずか二十三歳の青年、したがって一市井人にすぎない、そういう人物を『ニューヨーク・タイムズ』がわざわざ取り上げるとは――かなりの家系の子息だからでしょうか。

その前日号にも、ていねいな報道がありました。

「ニュージャージー州プリンストン。一月十七日。電気工学大学院（School of Electrical Engineering）一年に在籍中のバイロン・クラークは、四日間の闘病の後、今朝早く、息を引き取った。死因は急性腹膜炎。フィラデルフィアのアグニュー博士（Dr. Agnew）が、昨日、補助者と共に手術を施したが、病気の進行が早く、手術は無駄であった。クラークの自宅はニューヨーク州ブルックリン市。大学学芸学部を昨年、優秀な成績で卒業した」。

この記事は死因を急性腹膜炎と特定しております。奇しくも新島と同じなので、びっくりします。ただ、新島の場合は、手術は思いもよらず、ただモルヒネで痛みを散らす以外に手はなかったといいます。ちなみに日本で急性腹膜炎（盲腸炎）の手術が、初めて行なわれるのは、新島が永眠してから十年後だそうです。

奇遇といえば、さらにもうひとつ。年齢こそ違いますが、死亡日が共に一月中旬というのも、不思議ですね。クラークの死は、新島襄の永眠からちょうど一年と一週間後です。

なお、卒業が「昨年」（一八九〇年）、とされているのは、事実誤認です。後に見るように一八八九年六月です。

プリンストンを卒業

ところで、クラークはプリンストンの「学芸学部」、いわゆるリベラル・アーツ学部を出ています。そうならば、彼も青年時代、人格教育、すなわち「魂の教育」をみっちり受けたことになります。

大学卒業後、大学院（電気工学）に籍を置いていたことも、判明しました。ただし、死亡当時は一年生ですので、大学卒業の時点から数えると、一年間の空白があります。つまり、大学を卒業してからストレートに大学院に進学したわけではありません。

アメリカでは、今でも皆なが皆な、すぐに進学するわけじゃありません。クラークの場合は、さらに別の理由がありそうです。プリンストンの電気工学部は、ブラッケル（C. F. Brackell）によって一八八九年に開設されたばかりなので、大学院がすぐには出来なかったのかも知れません。後に見るように、クラークはその間、大学院進学までの一年間、実業に従事していた可能性もあります。

ともかく、報道によれば一月十四日の発病ですから、クリスマス休暇を終えて、大学院に戻った矢先の急死でした。家族を始め、周囲の人たちの驚きが、いかに大きかったか、が推測できます。

神学生ではなくて

終焉の地となったプリンストンには、プリンストン大学（当時は the College of New Jersey）に隣接して、有名な神学校（Princeton Seminary）があります。大学院です。しかし、クラークはこの神学校とは、直接の関係がありませんでした。

同志社においては、これまで神学館のタブレットにある文言、「神の言葉を学ぶことを好んだ」という一文から、神学生のイメージを抱くのが自然でした。建設当時がすでにそうです。一八九一年、クラーク家から寄附を受けた際、同志社側の窓口となったのは、外国人教員で宣教師のスタンフォード（A. W. Stanford）です。斡旋してくれたミッション（アメリカン・ボード）に対して、「クラークは神学生か。だとすると、どこの神学校の学生か」とスタンフォードが問い合わせているくらいです（「同志社神学館の変遷」一七頁）。

私も同意見でした。だから、最初はプリンストン神学校の方に問い合わせをしました。空振りでした。ついで、淡い期待を抱いて、隣のプリンストン大学に照会しました。図星でした。神学生ではなく、神学校に隣接する名門のプリンストン大学、こちらの大学院生だったのです。

大学生活あれこれ

プリンストン大学への問い合わせに答えてくださったのは、この大学のマッド図書館（Mudd Libray）アーキビストのクリスチン・ターナーさん（Kristin Turner）でした。略歴や個人情報、さらには肖像写真（二枚）も見つかった、との連絡がありました。

送られてきた大学卒業クラスの年報（*The Nassau Herald of the Class of '89 Princeton, Class Day, Monday, June 17, 1889*, Number XXV, Princeton, 1889）が、まず役立ちました。その中にある統計（Class of 1889 Statics）によって、クラークの個人消息が、幾分か判明しました。

誕生は一八六八年一月十六日、大学卒業は一八八九年六月です。取得した学位は新島と同じく「理学士」でした。教派も同じ会衆派です。これも、実に奇しき一致と言わざるをえません。長老派系の大学だけに、級友（二十二名）の大半は長老派、でなければ、監督派の信徒です。そのことを思えば、貴重な会衆派信徒です。

体格は、巨躯です。体重は百八十ポンド、身長も六フィートあります。胸囲はなんと三十九・二十五インチ、ざっと一メートルです。卒業後の希望進路は実業、とあるのが、目を引きます。伝道や教育ではないのです。政治的にはリパブリカン、経済的には保護貿易主義者、とも記入されています。

サークルと寮

学内サークル活動の情報もありました。文芸サークルであるクリオソフィック協会（Cliosophic Society）の会員です。周囲からは「フトッチョ」（Fatty）とか「クラーキー」（Clarkie）という愛称で呼ばれていたのも、興味深いですね。

自宅住所は、ブルックリン市内（706 St. Mark's Avenue, Brooklyn, N. Y.）です。旧宅のあったノストランド通り（Nostrand Av.）とセイント・マークス通りの角には、現在、廃業した食料店（Key Food）の店舗が、冴えない姿で立っています。ちなみに、ブルックリン市は一八九八年にニューヨーク市と合併し、現在はニューヨーク市の一部です。

クラークが学内で寄宿していた寮は、ウィザースプーン・ホール（Witherspoon Hall）といいます。その一角（West Middle Entry）にある三号室に住んでいました。別の資料（Bric-A-Brac, p.39, The Junior Class, Princeton College, MDCCCLXXXVIII, 1889）によりますと、ルームメイトは、同級のブラウニング（John Prentiss Browning）です。彼は、ニューヨーク州クーパースタウン出身です。

ちなみに、この寮は一八七七年に十万ドルの巨費を投じて創建されました。新築当時は「アメリカでもっとも豪華な大学寮」との評判をとったといいます。ちなみにここに三年間暮らした学生の中で、もっとも著名なのは、ウィルソン（W. Wilson）でしょう。後にプリンストン大学教授、学長などを経て、アメリカ大統領となる人物です。彼は一八七九年クラスですので、クラークの十一年先輩に相当します。

ウィルソンが、母校の教授に就任したのは一八九〇年ですから、クラークは院生として、この先輩と接触する機会が、同じキャンパスで何度もあったはずです。

大学を出た二年後に急死

資料に添えられたターナーさんのコメントも、重要です。クラークは文芸サークル以外に、宗教的な組織であるフィラデルフィア協会（Philadelphian Society）にも所属していたそうです。信仰に篤い学生であったことが窺えますね。さらに次のようなコメントが添えられていました。

「最初のクラス・リユニオン・ブックによれば、クラークの住所は、ニューヨーク州ブルックリン市セイント・マークス通り七〇六番地とあります。当時、おそらく卒業直後でしょうが、彼は金物を扱う実業（the hardware business）に従事していました。私どもの記録では、永眠日は一八九一年一月十七日です。プリンストンで亡くなっていますが、なぜ彼がプリンストンにいたのか、これについて言及するものは、何ひとつ見つけられませんでした。死因についても、何ら情報を得ることができませんでした」。

この時点で彼女が不明とした諸事実のうち、後の個人的な調査でその一部が判明したことは、すでに紹介いたしました。要するに在学中の急死なのです。

ここにある、クラークが大学卒業後、「金物を扱う実業」に従事していた、との情報は、貴重です。なぜなら、大学院に入るまでの消息がつかめるだけでなく、クラークの父親の職業も推測できるからです。確証はありませんが、家業はあるいは金物関連であったかもしれません。だとすれば、クラークが電気工学を専攻した理由も、家業に関係しているような気がします。

家族のこと

次に、クラークの家族のことに移ります。両親の死亡記事も『ニューヨーク・タイムズ』にありました。まず父親です（一八九四年一一月一四日号）。

一八九四年十一月十三日、火曜日の朝、ニューヨーク州ブルックリン市セイント・マークス通り七〇六番地の自宅で亡くなっています。息子の死後、三年のことです。ちなみに、その後の調査でも、父親のミドルネーム（W）の綴りは、依然として不明です。

一方、母親です（一九一一年一月三〇日号）。一九一一年一月二十七日、金曜日、カリフォルニア州パサデナで死去しています。享年七十九でした。

この死亡記事が出てから四か月後に、遺産相続の記事が出ました（一九一一年五月一二日号）。「ヘレン・S・クラーク、カリフォルニア州パサデナで死去。一万ドルを越える動産をC・C・クラークとC・C・アボットに残した」とあります。遺産を相続したふたりの人物は、いまだ健在であった子どもたちです。

それにしても、動産がわずかに一万ドルというのは、いかにも少ない印象を受けます。同志社への生前の寄附が一万一千ドルを越えたことを思うと、夫が死去した後の生活は、さして裕福ではなかったのかもしれませんね。

有閑女性

さすがに彼女の永眠の知らせは、どういうルートであったかは不明ですが、着実に同志社に届けられています。同志社女学校機関誌の『同志社女学校期報』（三〇号、三八頁、一九一一年八月二五日）に訃報がちゃんと出ていますから。

「クラーク夫人の訃――我同志社神学校館の寄附者たる同夫人は、老齢にて加州パサデナに保養中なりしが、去一月廿七日、永眠せられたる由」。

なお、夫人がブルックリンを離れた理由は、定かではありません。北垣氏の調査では、ブルックリン市の自宅は、一八八五年頃に購入されたもので、夫の死（一八九四年）以後、ヘレンは一九〇一年までここで生活したといいます。

その後、建物は一九〇五年には人の手に渡り、一九一六年に取り壊されました（北垣宗治「アーモスト大学・同志社大学関係史の資料探索」同志社大学人文科学研究所研究会レジュメ、二〇〇八年九月一九日）。

夫人がパサデナで亡くなった理由も不明です。たまたまこの夏、パサデナに行かれた坂本清音名誉教授（同志社女子大学）に調査をお願いしたところ、地元のマイヤーズさん（Kirk Myers, Pasadena Historical Society）により、合衆国国勢調査（一九一〇年）の中に次のような家族データがあることが判明しました。

永眠する前年の調査ですが、ロサンジェルス（402 East 42nd Street）で息子夫婦と住んでいます。子どものうち、娘三人が健在であった、といいますから、息子は娘婿かもしれません。パサデナで亡くなったのは、この地の縁者を訪ねたからでは、と推測されています。

クラーク夫人は、一九〇八年のパスポート申請時には、自分の職業を「有閑女性」（a lady of leisure）としています。旦那サンの職業は、生前の国勢調査では金物業ではなく、「不動産業」であったようです。

クラーク家の人たちの墓

続いて墓の所在も、ごく最近になって判明しました。北垣氏の依頼を受けて、ニューヨーク市在住のコビィルスキーさん（Aleksandra Majstorac Kobiljski）が、ブルックリンで突き止めてくれました。彼女は、ニューヨーク市立大学で博士論文を準備中の大学院生ですが、奇しきことに、この秋から同志社大学に留学する予定になってます。

墓が見つかったのは、ニューヨーク市ブルックリン地区（5 Bay 25th Street, Brooklyn, New York）にあるグリーンウッド霊園（Greenwood Cemetery）です。

この霊園は、歴史的に由緒ある霊園です。風致地区でもあり、ブルックリンで一番高い丘の上にあるために、遠く「自由の女神」が望めるほど、景観もすばらしいのです。霊園地図に紹介されている有名人の第一号は、あのビーチャー（H. W. Beecher）です。アーモスト大学のキャンパス入り口に立つ巨大な銅像の人物です。ニューイングランドが生んだ最高の会衆派系説教者のひとりです。

クラークはこの霊園に両親や家族と一緒に永眠しています。一家の墓は、全部で八基あります。父親の墓は、先妻と二度目の妻の墓に挟まれています。その周囲を彼らの子どもたちの墓（五基）が取り囲んでいます。二度目の妻がＢ・Ｓ・クラークの母です（「アーモスト大学・同志社大学関係史の資料探索」）。

子どものうち、先妻との間に生まれた子は四人（一男三女）です。二度目の妻との間に生まれたのが、わがクラークです。

子どもの墓は、以上の五基です。が、実は、クラークには妹がひとりいます。名前はカメリア（Camillia Clarke Abbott）です。彼女の墓だけがここにないのは、結婚相手のアボット（Justin Edwards Abbott）の墓と一緒だからでしょう。アボットはニュージャージー州サミット（Summit）出身の会衆派牧師、神学博士で、ボンベイを拠点にインド伝道に従事しました。新島と同じアメリカン・ボード宣教師でした。

会衆派

つぎに注目すべき情報は、クラークの教派が会衆派であるという事実です。なぜなら、ここから両親（家族）の教派も会衆派である、と推定できるからです。

現実に母親はブルックリンの会衆派教会（Central Congregational Church. 現在の名前は Cadman Memorial Congregational Church）に所属していました。だからクラークの父親も、そうだろうと推測できます。当時の教会資料を歴史協会（Brooklyn Historical Society）で調べられた北垣氏によれば、ヘレンは教会の家族専用席（pew）の賃貸料金を支払っているとのことです。われらがクラークも、大学に進学するまでは、日曜には家族とそこで礼拝を守り、信仰を養ったと考えられます。

こうして、クラーク家の教派が会衆派であることが、確定できました。これは、クラーク神学館に関しても、決定的に大事な新発見です。なぜなら、この事実の中に、クラークの両親（とりわけ母親）が、息子（享年二十三）を追悼する神学館建築費として、長老派ではなく会衆派のミッション（アメリカン・ボード）に一万ドルを寄附した理由が、きちんと説明できるからです。

ランディスが設計者を紹介してくれた理由

同時に同志社が、クラーク神学館の設計者として、明治学院教員のH・M・ランディス（H. M. Landis）の紹介で、ドイツ人設計士のR・ゼール（R. Seel）を指名した謎も、解けるのではないでしょうか。ランディスというのは、自ら建築にも造詣が深く、一八九〇年に今の明治学院記念館を設計した、と言われている長老派宣教師です。

彼はプリンストン大学（一八八五年卒）とプリンストン神学校（一八八八年卒）の両方で学んでいます。この間、ベルリン大学にも遊学して、ドイツに親しんでいます。神学校を卒業するや、アメリカ長老教会外国伝道局から日本に派遣され、主として東京で伝道活動をいたしました。

つまり、ランディスはプリンストン大学卒業生としてクラークの先輩に当たるのです。そのうえ、クラークの大学時代とランディスの神学校時代は、一部、重なっています。隣接する小さな学園同士のことですから、当然、相互に面識や交流があった、と考えるのが普通です。

このランディスに建築設計の件を直接、打診したのは、建築委員でもあった同志社教員のデイヴィス（J. D. Davis）あたり、と考えられます。両者はあるいは、宣教師としてそれ以前から相互に交流があったのかもしれません。

同志社から打診を受けたランディスとしても、先に述べた好《よしみ》から、亡き後輩の記念館を日本に新築する計画です。喜んで関与、協力した、と思われます。彼自身、建築に明るいうえ、ドイツ好みでしたから、ドイツ人設計士（ゼール）の斡旋は、たやすいことであったはずです。

二枚の肖像写真

次に肖像写真です。まず一枚目。ニューヨーク市ブロードウェイ八四一の著名な写真屋（Pach Bro's）で撮影されたもので、撮影時期は不明です。容貌からして、大学入学前後でしょうか。

二枚目は、なんと永眠十八日前（一八九〇年十二月三十一日）の撮影です。場所は、ブルックリン市内（298 Fulton St. Brooklyn, NY）のスタジオ（Frank Pearsall）です。やつれた病人にはとうてい見えませんから、急死であったことの傍証になりえます。

この写真の縁には、生没年月日が添えられています。生まれは一八六八年一月十六日、そして死亡は一八九一年一月十七日の午前三時、とあります。永眠は、この写真を撮った直後のことでしたから、私は事故の可能性も考えました。実際には、病死でした。

今回、入手した肖像写真は額装して、ぜひともクラーク記念館の一階ホールに掛けてもらいたい、と願っています。待望の本命による「同志社デビュー」ですから。それも、両親の二枚の写真に挟まれて、です。そうなれば、バイロン・ストーン・クラークにとっては、晴れて両親との「リユニオン」が実現できます（本書二一八頁参照）。

再会の場も、これ以上はない環境《スポット》です。自分の名前がつけられた縁《ゆかり》の建物ですから。百十七年振りに「親子水いらず」の団欒を、ここ同志社で心行くまで楽しんでもらえます。

母の力

ちなみに、同じ今出川キャンパスにある同志社アーモスト館も、亡き息子（S. B. Nichols）を悼んだ母親（M. S. Nichols）が、建築費を最初に寄贈して出来た記念の建物です。そのことは館内できちんと顕彰されています。さらに、ハリス理化学館の場合も、寄附者（J. N. Harris）の立派な肖像画が、同館二階に掛けてあります。

それにつけても、思い浮かぶのは、ハーバード・カレッジのワイドナー記念図書館（Widener Library）です。この建築費を寄附したのは、有名なタイタニック号遭難事故で息子を亡くした母親

(Eleanor Elkins Widener) です。彼女が、二十七歳で事故死した息子 (Harry Elkins Widener) を偲んで、三百五十万ドルという巨費を息子の母校に寄贈した結果、出来上がったものです。

建物の内部には、息子の書斎を模した部屋が復元され、肖像画が掛けられています。顕彰という点では、相当の配慮が払われています。同館は、よく知られるように世界最大の大学図書館です。もともとは、ハーバード・カレッジ (ユニヴァーシティーではなくて) の図書館であり、このカレッジのランドマーク的建造物です。

それにしても、ですね、今日、取り上げているクラーク館はもちろん、アーモスト館、ハリス理化学館、さらにはワイドナー記念図書館にしても、アメリカの資産家は、ほんとにえらいですね。

それも、奇しくも三者に共通するのは、女性 (母親) が主役だ、という点です。ハリス理化学館にしても、母親が息子に勧めて寄附させたようですから。「母は強し」というべきです。

「赤の他人」や知らない国のために

共通点が、もうひとつあります。ハーバードは息子の母校ですから、多少別格ですが、同志社の三棟の場合は、「赤の他人」からの寄附が混じっているのが、スゴイです。

クラークやハリスは、同志社を全く知りません。日本に来たこともありません。クラーク家など、寄附前後はもとより、それ以後もずっと同志社の誰とも文通さえしておりません。まったく未知の国の、見も知らない学園に献金して、それで終わりです。

確認に来るわけでもない、手紙を出すわけでもない。報いも名誉も功績も、いっさい求めません。これは、賄賂や汚職とは、まさに対照的なお金の使い方です。立派というほかありません。

こういう生き方をする経済人をアメリカでは「フィランソロピスト」と呼びます。新島の周辺で言えば、「アメリカの父」がその典型です。私たちの学園（同志社女子部を含めて）には、これまでこうした無私のこころで捧げられたものが、いかに沢山、溢れていることでしょうか。

私たちは「赤の他人」にどれだけ優しくなれるでしょうか。人間のえらさは、「知らない人や国」のために、どれだけ自分自身を投げ出せるか、あるいは自分の「お宝」を無償で与えられるかどうか、にあるような気がします。空にスクッと伸びるクラーク記念館の尖塔を見ると、そんなことが脳裏にふっと思い浮かびます。

同志社のワイドナーに

そろそろ結論です。クラーク記念館はハーバードのワイドナー記念図書館がそうであるように、同志社大学のシンボルです。したがって、両者ともに見学者や観光客にも大層愛好されています。

さらに篤志家の寄附による、という点以外にも、一脈通じ合うものがあります。共に若死にした息子（一方は二十七歳、他方は二十三歳）を記念する建物だ、という共通点です。ただ、ワイドナーは愛書家（蒐書家）であったために図書館が、クラークは聖書研究を好んだ青年であったので神学館が、記念建造物にはもっとも相応《ふさわ》しい、と考えられた差異はありますが。

そのほか、母親（父親ではなくて）が巨額の指定寄附を大学に捧げた点や、それぞれの息子の名前が建物につけられている点も、共通します。にもかかわらず、同志社の場合、クラークの顕彰が、きわめて遅れていました。同志社アーモスト館やハリス理化学館はもちろん、ワイドナー記念図書館などに倣《なら》って、今後、大いに整備、喧伝する必要がある、と言わざるをえません。

「魂の教育」センター

しかし、顕彰する最善の方法は、もっと別のところにあります。ソフト面での顕彰です。かつてクラークが大学時代に受けたような徳育重視の人間教育、すなわち「魂の教育」をこの建物でも施す。同志社における宗教教育の真髄、というか中核《センター》とすることです。

これこそが、「神の言葉を学ぶことを好んだ」クラークの顕彰にもっとも相応《ふさわ》しい方法でしょう。新島にしてみれば、自分の名前がつくはずのカンムリ建造物が、他人名義の建物に取って代わられたんですから、普通の起業家なら草葉の陰で切歯扼腕《せっしやくわん》する、それこそ「オカンムリ」です。

新島はそうじゃないですね。かえって「名を捨てて、実《じつ》を取る」タイプです。だから、体裁よりも中身が大事です。クラーク記念館が本来の神学館、あるいは宗教センター（今回、キリスト教文化センターの事務室が一階に移されました）に相応しい働きをすること、それを夢見ていると信じます。

この建物が、名実ともに「同志社のシンボル」になることをきっと期待しているでしょうね。

（同志社大学スピリット・ウィーク講演、同志社大学クラーク・チャペル、二〇〇八年一一月八日）

クラーク記念館の「クラーク」

同志社大学クラーク記念館（竣工は1893年）の建築費は、ブルックリン市（現ニューヨーク市）のクラーク夫妻が寄附（1万1千5百ドル）をした。夫妻は、23歳で亡くなった息子（Byron Stone Clarke）を追悼するために神学館の建築を希望した。

2008年、子息の写真、経歴、死因などのデータがようやく見つかったので、これまでの両親の写真に代えて、親子3人の組写真を作成し、2010年初頭に館内に掲げた（上）。一家の墓（下）が、ブルックリンのグリーンウッド霊園にあることも、判明した。墓の写真は、発見者のA・M・コビィルスキーさんの撮影による（本書210頁以下を参照）。

アーモストとウィリアムズ
――宿命のライバル姉妹校《カレッジ》――

早慶戦アメリカ版

アーモスト（Amherst College）の好敵手は、ウィリアムズ（Williams College）です。両者は姉妹校でありながら、いや、姉妹校ゆえに宿命のライバルです。

今年の大学ランキング（リベラル・アーツ・カレッジ部門の方です）でもトップの座を争う熾烈《しれつ》な戦いでした。アーモストは九十八点を取ったものの、相手が百点でしたから、僅差で負けました。でも、通算ではアーモストの方がトップになった回数が多いらしいのです。これに対しては、ウィリアムズは時には負け惜しみ気味にこう揶揄《やゆ》します。「相手はAで始まり、うちはWで始まるからね」と。勝敗はまるで早いもの勝ち、とでも言いたいかのようです。

とにかく、いい勝負なんです。超有名私学という点では、さながらアメリカの早慶戦、といったところでしょうか。とくにリベラル・アーツ教育、すなわち「魂の教育」を目指す大学としては、全米でも双璧です。

残念ながら、その割には双方とも、日本では知名度が低い。大学ランキングでも、もう一方の総合大学（ユニヴァーシティー）部門だけが注目されています。だから、アメリカの一流大学と言えば、日本人にはプリンストン、ハーバード、イェールの「ビッグ・スリー」に落ち着きがちです。

ちなみに最近は、「リトル・スリー」という言葉も流行《はや》っています。リベラル・アーツを行なう小規模なカレッジのうち、歴史の古い三校、すなわちウィリアムズ、アーモスト、それにウエズリアン（女子大です）が作る同盟です。ここでも、WとAはぶつかっています。

「ウィリアムズって、なに」

「リトル・スリー」のうち、同志社では、アーモストの名前が突出、というか圧倒的に知られています。新島襄の母校であり、同志社のモデル校だったからです。それ以外にも、今出川キャンパスに「同志社アーモスト館」があったり、アーモスト・フェローなる人が向こうから派遣され、教鞭をとったりすることが、大きいですね。

今春から開講されたこの科目が、いい例です。「アーモスト大学とリベラル・アーツ教育」と言います。間違っても「ウィリアムズ大学とリベラル・アーツ教育」という科目名には、なりません。学内では、「ウィリアムズって何や」状態ですから。

でも、アーモストを深く理解するためには、同時にウィリアムズの基礎情報が不可欠なんです。なにしろ、歴史的な繋がりを知れば知るほど、両校が因縁の、というか宿命のライバルであることが、分かってもらえますから。「近くて遠い」のか、「遠くて近い」のか、その辺りも気になります。

アメリカで最初の大学野球の公式試合は、これら両校の間で行なわれました。これはかなり有名な話ですが、それ自体、なんだか暗示的な出来事ですね。そこで、まず両校の設立からお話しします。

バークシャー地方に立地

ウィリアムズは、マサチュセッツ州の西北部にあります。ウィリアムズタウン（Williamstown）という田舎町、というより大学町にあるカレッジです。ボストン・フィル時代の小澤征爾や秋の紅葉で有名な、いわゆるバークシャー地方（Berkshire）の北端にあります。すぐ隣りがニューヨーク州とヴァーモント州ですから、ほんとに州の外《はず》れ、ですね。今でも人口が八千五百人というリゾートタウンなんです。日本なら、「なんでこんな所に」と言われかねない「僻地《へきち》」です。

小さな村の、小さな大学です。設立は一七九三年ですから、かなり早いですね。ハーバードやイェールを立ち上げた会衆派（Congregationalism）系のキリスト教信徒たちが、主軸になって創立しました。先輩校に倣《なら》って、全寮制のリベラル・アーツを目指します。

しかし、規模が小さく、しかも立地条件が厳しい、という理由から、一八一五年に至って学生が急減します。そこで理事会は、三日間をかけて打開策を協議し、移転案を打ち出しました。と同時に、学長の交代を決め、ダートマス大学（同じ会衆派系です）からムア教授（Z. S. Moore）を第三代学長に迎えることを決めました。ムアはダートマス大学の卒業生で、母校とウィリアムズから神学博士を受領しています（C. M. Fuess, *Amherst The Story of a New England College*, pp.29, 46, Little, Brown, and Company, 1935）。

ノーザンプトンへの移転計画

ムアが学長に就任した一八一五年当時の大学は、校舎二棟、学生は五十八人、スタッフは四人（教授、チューターが各々ふたり）、図書は千四百冊、という、まるで塾のようなサイズです（W. S. Tyler, *History of Amherst College during its First Half Century*, p.51. Clark W. Bryan and Company, 1873）。

これでは、存亡の危機ですよね。移転案は、しだいに形を整え始め、最終的には、より交通至便なコネチカット渓谷、具体的に言えばノーザンプトン（Northampton）へ転出する案が有力になってきました。

これに対して、学内の意見は真っ二つに割れました。スタッフだけでなく、学生たちも「残留派」と「移転派」に分かれて、抗争しました。こうした内紛状態の中で、ムアの立場は鮮明です。「移転しなければ、学長を辞任する」と公言しました（*Amherst The Story of a New England College*, p.34）。

結局、学内の見解は一致には至りませんでした。そこで、ムア自身は見切り発車よろしく、強硬策に出ます。ウィリアムズを見限って、学長就任六年目にアーモストという田舎町へ移ります。移転先が、当初の移転候補地（ノーザンプトン）でないのは、種々の理由がありました。意外に大きい要因は、ノーザンプトンと同じコネチカット渓谷にあるだけじゃなく、地元のアーモスト当局が、積極的な誘致策を展開したのが功を奏した、と言えましょう。つまり、受け皿に恵まれたんです。

ムア学長

こうして、アーモスト・カレッジが誕生します。誘致したのは、アーモスト・アカデミー（Amherst Academy）という学園で、これがカレッジの設立母体となりました。この学園は一八一四年から一八六八年まで存続します。ちょうどカレッジをアーモストに招致した時のアカデミー副理事長が、ウエブスター（N. Webster）です。ウエブスター辞書で知られる、あの著名人です。こうした経緯から、ウエブスターは、辞書の編集だけでなく、アーモスト・カレッジの創設者のように語り継がれることになります。

ともあれ、ウエブスターらの招きによって、ムアがアーモストに転出して立ち上げたのが、今のアーモスト大学です。初代学長は、したがってムアです。

このムアがウィリアムズの学長を辞職するのと、アーモストの学長に就任するのとは、連動する一連の行為です。だから、もちろん同年（一八二一年）の出来事です。

ムア学長を盗られた、と言うか、引き抜かれた方のウィリアムズですが、不幸や失望にもめげず、その後、自助努力を重ねます。その結果、潰れるどころか、今や全米から秀才をバークシャーに集める超名門校になっています。「アーモストに負けるな」といった不撓《ふとう》精神が、一種のカンフル剤になったのかも知れません。

ちなみに、ちょうど新島がアーモストに在学した時期（一八六七年から七〇年）が、数量的に言えば、両大学の力関係が逆転した時期にあたるというのも、奇しきことです。すなわち、一八六九年にはアーモストとダートマスは学生数と基金総額の両面で、それぞれウィリアムズを凌駕《りょうが》いたします。一八七一年の卒業生は、ダートマスが六十八人、アーモスト五十九人に対して、ウィリアムズは四十人に過ぎません（Franklin Carter, *Mark Hopkins*, p.225, Houghton, Mifflin and Company, 1892)。

アーモスト大学

数字はともかく、アーモスト大学が出来た背景には、実は以上のようなドロドロした紛争が横たわっていたのです。ひとつのカレッジが細胞分裂《けんかわかれ》して、ふたつのカレッジになったようなものです。したがって、残された「残留派」から見れば、ムアの行動は「裏切り」行為にほかなりません。

学長のほかにも、まだまだ「横取り」現象があります。アーモストのスタッフ（当初は学長を含めて教員は三名）のうち、ひとり（G. S. Olds）はウィリアムズの卒業生であるばかりか、元スタッフ（最初は、チューター、ついで教授）でした。専門は数学や自然哲学ですが、アンドーヴァー神学校で神学を学んだ牧師でもあります（*History of Amherst College during its First Half Century*, p.98)。

もうひとりのスタッフ（J. Estabrook）は、ダートマス大学卒の古典語の教授で、ダートマスとウィリアムズで学位を取っています。牧師を目指してプリンストン神学校へ入りますが、教員志望に転じます。その後、アーモスト・アカデミー校長として、古典語を教えていました（*ibid.*, p.101)。

スタッフの引き抜きに関連して、大事な図書もアーモストに持って行かれた、との非難がありました。これはその後、伝説となって長く語り継がれた、というか、アーモストへの糾弾が消えません。

ついに比較的、最近になってウィリアムズの学長が、「事実誤認」との公式見解を出さざるをえなかったといいます。こうなれば、もう怨念《おんねん》ですね。

まるで「熊本バンド」

怨念と言えば、「学生を横取りされた」との非難もあります。「移転派」（ムア派！）の学生十五人が、ムアと行動を共にして、ウィリアムズを去ったのです。それでなくとも大事な収入源なのに、「盗られた」のです。しかも、彼らは出来合いのれっきとした大学生です。

新設校であれば、普通、初年度は一年生だけです。けれども、隣りの大学からの「横滑り」があれば、話は別です。アーモストの初年度の学生数は四十七人（全員男子）でしたが、そのうち十五名が、ムアと共にウィリアムズから転出して来た学生です。彼らの学年は、一年から四年にまで及んでいましたから、アーモストは初年度から四学年（四クラス）が揃った形でスタートを切れました。

ということは、これまた学生の主軸もウィリアムズ頼みです。したがって、開校の翌年（一八二二年）には、早くも卒業生がふたり出ます。二年目にして、はやくも第一回卒業式が挙行できたのも、誘致したアーモストの受け皿から見れば、実にありがたいことでした。

彼ら転出組の十五人は、奇しくも創立二年目の同志社に入学した「熊本バンド」、とりわけ「バイブル・クラス」（十五人！）のアーモスト版です。どちらも「棚から牡丹餅《ぼたもち》」です。

こうして見ると、一見順調とも言えるスタートを切ったアーモストですが、その創立は、けっして皆から祝福されたものではありませんでした。創立過程を知れば知るほど、アーモストとウィリアムズは最初から宿命のライバル校になる運命にあったことが、お分かりいただけるはずです。

ちなみに、ムア学長は多くを嘱望されながらも、短命で終りました。病気のために、わずか三年で学長を辞任せざるをえませんでした。

ウィリアムズの「分校」

以上のことから結論的に言えることは、何か。発足時のアーモストは、ウィリアムズの「分校」みたいなもんです。誕生の経緯《いきさつ》から言えば、後者が親、前者が子ども、です。あるいは、姉と妹です。距離が近いだけに、仲がいい反面、時に近親憎悪が炸裂《さくれつ》しないとも限りません。

要するに元々は同じ家族なんですから、家風や大概の遺伝子は共通します。創立理念や教派（会衆派）は、ほぼ同じです。とりわけ、リベラル・アーツという点では、アーモストは、まさに百パーセント純粋継承です。

にもかかわらず、両者の間で内紛が生じた、という設立経緯を考えますと、創立当時のアーモストでは、むしろウィリアムズとの「差別化」が強調されたはずです。これはこれで、自然なことですね。「もうひとつのウィリアムズ」を作って、どうするんや、との思いが、創立者たちには強かった、と思われるからです。

新島とアーモスト

だから、アーモストのモデル校は、当然ウィリアムズではなくて、ダートマスとイェールでした。いずれも会衆派です。同じ教派だからと言って、ハーバードはダメです。すでに異端的なユニテリアンへ傾斜していましたから（*Amherst The Story of a New England College*, p.47）。このことは、アーモストの当初の理事が、ハーバードではなくて、主としてイェールの卒業生であった点にも明白に表われています（*Mark Hopkins*, p.40）。

それにしても、新島がアーモストに入った一八六七年になると、アーモストとウィリアムズの距離は、だいぶ縮まっていただろうと推測できます。したがって、いずれの大学に新島が入学したとしても、ちっともおかしくありません。とりわけ新島の高校生時代、彼の家庭教師を買って出てくれたフリント（E. Flint）という神学生（アンドーヴァー神学校）は、ウィリアムズの卒業生なんです。だから、新島はわりと早くからいろいろと情報を得ていたはずです。場合によっては、憧れの大学というイメージを植えつけられていたかもしれません。

ですが、結局、進学先はアーモストでした。なぜか。おそらく、「アメリカの父」、A・ハーディーがアーモストの理事であり、学長や有力教授（とくに、後に学長となるJ・H・シーリー）をよく知っていたから、という辺りに落ち着きそうです。

新島とウィリアムズ

進学こそしませんでしたが、新島はやはりウィリアムズに対しては、終始、敬意を払っています。後年、新島は二度目の渡米中、アメリカ人向けに同志社大学設立のアピールを試みます。文章の中に「注目すべき」大学として七校が列挙されています。彼が挙げる順番に紹介しますと、ハーバード、イェール、プリンストン、アーモスト、ウィリアムズ、ダートマス、オベリン、です。ちなみに、「この中では最初が一番有名です」と付記されています（⑦三四四）。プリンストン（長老派）以外、すべて会衆派系の大学、というのが特徴です。

最初の三校がユニヴァーシティー、いわゆる「ビッグ・スリー」ですね。それに対して、続く四校がカレッジ、すなわちリベラル・アーツ・カレッジです。

そのうち、新島はアーモストとウィリアムズが大変似ていることを見抜いていました。だからこそ、別の所で「京都の学校〔つまりは、同志社です〕をウィリアムズかアーモストのようにしたい」と言っております。ここは大事ですから、原文（英語）を引用してみます。

Make the Kyoto school like Williams or Amherst College.（⑥二〇四）。

どちらに転んでも大差なし、と踏んでいた形跡が、アリアリですね。アンドーヴァー神学校の学園史には、「同志社そのものは、アメリカ教育のトロフィのひとつ」と明記されています（H. K. Rowe, *History of Andover Theological Seminary*, p.127, Thomas Todd Company, 1933）。「アメリカ教育」と言えば、ウィリアムズもアーモストも、まさにその精華ですね。

このように、新島自身がどちらでも同じ、と言っているにもかかわらず、同志社ではこれまで、モデル校とされるのはアーモスト一辺倒でした。

ただ、両校は姉妹、あるいはほとんど双生児、と言っても、多少の差があることも事実です。とりわけ目立つのは、時代的な潮流が及ぼす感化でしょうか。設立時期に二十八年の懸隔《はば》がありますから、これは無視できません。

トリニテリアン vs. ユニテリアン

ウィリアムズ創立後のことですが、同じ会衆派系のハーバード大学（実は、当時はカレッジ）が、正統派カルヴァン主義（Trinitarianism, 三位一体論《さんみ》）から逸脱し始めました。じょじょにトリニテリアンからユニテリアン（Unitarian）へ傾斜し始めたのです。一八〇〇年初頭の頃です。

ユニテリアンとトリニテリアンの差。これは面倒です。キリスト教に関心のない方、もっと言えば、宗教に無関心な人には、「どっちでもええやん」と思われそうな「コップの中の嵐」です。でも、真剣なキリスト教信徒、とりわけ伝統的な教え、というか教義を信じてきた人にとっては、まるで天変地異と思われるほどの大事件であり、ショッキングな出来事でした。

ごく簡単に説明します。正統的なキリスト教（とくにカルヴァン主義）は「三位一体《さんみ》」、つまり父（神）、御子《みこ》（イエス）、聖霊《みたま》は三者だけれども、内容的には一体的な神である、との信仰に立ちます。彼らは、三位一体論者という意味で、「トリニテリアン」と呼ばれます。

それに対して、神を三者一体として捉える伝統的な立場を批判して、父のみを認める、これが「ユニテリアン」(唯一神論者)です。

ユニテリアンに抗して

要するに、「ユニ」vs.「トリ」、「すなわち「一」vs.「三」の対立です。それまでの伝統的、というか正統的な神学であった後者から見れば、前者は明らかに逸脱した信仰です。さらに面倒なことに、アメリカでは「一」は「三」から派生しているんです。つまりボストン中心に発展してきた会衆派教会の信徒の中から、ユニテリアンが次々と生まれて、外へ出て行きます。ボストンは、会衆派の地盤であるだけに、同時にユニテリアンの地盤にもなりえるんです。

ユニテリアンが台頭するという事態や風潮に危機感を抱いたのが、正統的な立場を固守する会衆派の信徒たちです。彼らは、ハーバードに対抗する学園を創る決意を固め、運動を展開します。この結果、出来たのが、アメリカ初の牧師養成大学院、ならびに新しいカレッジです。前者が、アンドーヴァー神学校、後者がアーモストです。いずれも新島の母校になるのは、奇しきことです。

もう少し具体的に言えば、新しい神学校であるアンドーヴァー神学校は、フィリップス・アカデミー(これも新島の母校になります)の理事会が、同じキャンパスに一八〇七年に創立しました。アメリカ最古の神学校です。ちなみに、長老派の神学校、プリンストン神学校は一八一二年の創立ですから、これより五年後のことです。さらにハーバード・カレッジ(大学)に神学校(大学院)が出来るのは、一八一六年のことです。同校はすでに初発からユニテリアンです。

「牧師製造工場」

一方、アーモスト・カレッジは、一八二一年の設立です。学部教育が主体で、けっして神学校（アメリカでは、基本的に大学院です）ではありません。にもかかわらず、宗教的な色彩は、きわめて濃いのです。ハーバードを強く意識するからです。

アーモストでは、厳格な宗教色を維持するために、（開校以後、しばらくは）歴代の学長はすべて牧師です。もちろん初代のムアもそうでした。ですから、当初から「貧しい青年を牧師に」という建学の意図が明白です。

現に、大学はしだいに「牧師製造工場」の異名をとるほどに、牧師となる卒業生が輩出するようになります。創立以後の五十年間に限れば、卒業生の実に四十%が牧師になっています。

「ミッショナリー・バンド」

だから、課外活動でも、将来、牧師や宣教師を目指す学生は、「ミッショナリー・バンド」（Missionary Band）というサークルに入ります。このサークルの歴史は、かなり不透明です。ひとつには、フラタニティ（秘密結社的な寄宿舎と言うか、学内クラブ）同様に、「秘密の宣教団体」ですから（*History of Amherst College during its First Half Century*, p.277）。

「ミッショナリー・バンド」以前は、「フレンズ」（Friends）というサークルが健在でした。一八二八年の創立ですから、大学創立八年後のことです。十三年間、活動した後、一八四一年に解散しました。私的な集まり以外では、日曜の朝か夜、あるいは土曜の夜の集会が、主な活動です。

解散直後の一八四二年には、七度目の学内リヴァイヴァル（集団による熱狂的な信仰の高揚）が起きています（*ibid*, pp.98, 273, 276～277）。この一八四〇年代初頭に再燃した宗教的な盛り上がり、その中で復活するのが、「ミッショナリー・バンド」というサークルです。

バンドの回顧

このサークルは、いずれ新島が入会するサークルですから、あらかじめサークルOBの回想を紹介しておきます。ひとりは、一八四二年の卒業生です。

「二、三年後、『ミッショナリー・バンド』と呼ばれたサークルが組織され、現在に至るまで続いています。この団体は、ミッションのために知的な関心を高揚させる点で、いい働きをしてきました。良き宣教師を何人も生み出す手段となってきたのは、間違いありません。しかし、先に〔フレンズというサークルの解散理由に関して〕述べてきた事柄と同様な事実が、大勢の心の中に同じような疑問を抱かせました。つまり、大学時代に自分の進路を決める必然性や適切さが、問われたのです」。

もうひとりは、一八五五年の卒業生（G. Washburn）です。

「大学には、確かミッショナリー・バンドと呼ばれたサークルがありました。宣教師として海外へ行くことを決意した人たちが、入っていました。私は何度も何度も加入を誘われました。が、断り続けました。理由は、自分が活動する分野をどこにするかについて、十分に決めることができる時期には至っていないからでした。

私のクラス（学年一クラスです）には、そのメンバーが五人、いたと思います。ひとりとして宣教師にはなっていません。海外組としては、私がクラスで唯一の代表者なのです。これまでのところ、結果そのものが確実に私の結論が正しいことを証明してくれているようです」。

ちなみに、この卒業生は、アメリカン・ボードからトルコ伝道に派遣され、のちにイスタンブールにあるロバート大学の教授になりました（*ibid.*, pp.276~277）。

彼はアンドーヴァー神学校の卒業生でもありますから、二重の意味で新島の先輩に当たります。ロバート大学では第二代学長に就任します。その在任期間は、奇しきことに、新島の同志社社長在任期間とちょうど重なります（拙稿「アメリカン・ボードの伝道方針と新島襄――トルコ・ミッションと日本ミッションを対比して――」一二〇頁、『キリスト教社会問題研究』五四、同志社大学、二〇〇五年一二月）。

新島と「ミッショナリー・バンド」

新島もアーモスト大学では「ミッショナリー・バンド」に所属します。入学直後の手紙（一八六七年九月二十三日付）にはこうあります。

「大学のミッショナリー・バンドに入りました。毎週、日曜の朝に興味深い集会があります。共に集い、歌い、我らが主《しゅ》を讃《たた》えたり、さらに私たちが哀れな異教徒に福音を伝えるのを助けてください、と主《しゅ》にお願いしたりするのは、楽しいことです」（⑥二二）。

大学生になったばかりなのに、気分はすでに宣教師ですね。新島のクラス（学年）、すなわち一八七〇年クラスは、わずか四十数名ですが、最終的に宣教師を五人、アメリカン・ボードの主事（幹事）をひとり出しました。「豊作」学年じゃないでしょうか。

このサークル活動に関する限り、新島の具体的な活動の消息は、よく分かりません。でも、一八六八年の十一月に突然、日本人留学生の訪問を受けた際、彼をチャペルの礼拝（二度）や夕方の祈祷会などに案内したばかりか、ミッショナリー・バンドの集会にも誘っています。留学生というのは、薩摩出身の工藤十郎（これは偽名で、本名は湯地定基といいます）で、歳は新島より一年下です。近くのモンソン・アカデミーに在籍中で、アーモストには一週間近く滞在したようです（⑥四四）。

やはり、集会を定期的に開く、というのが主な活動のようです。新島はこうした宗教的なサークル活動を学内できちんと積みながら、将来の牧師、さらには宣教師への準備を怠らなかったのです。神学校でも同様のサークル、「兄弟団」に入っています（拙著『魂の指定席』一四一頁）。

その意味では、彼はアーモストの子であるばかりか、ウィリアムズの子でもあるんです。彼が歩んだ道は、サークル活動、大学、ミッションという視角から見れば、期せずして宣教師の「王道」ともいうべき主流街道《メイン・ストリート》です。新島は、強運の人でした。

（東京新島研究会、同志社大学東京オフィス、二〇〇八年七月二五日）

イェールと同志社
——N・ポーター学長と新島襄——

ハーディーの息子

イェール大学、ならびに同志社の校友会の皆さま、ハーディー・ホールにようこそ。ここは、アルフィーアス・ハーディーゆかりの会場です。ハーディーは、ボストンのビーコンヒルに住むセレブで、熱心なキリスト教徒です。それにアメリカン・ボードというミッションのいわば理事長です。新島襄にとっては一生の大恩人で、自分でも「アメリカの父」と呼んで感謝しています。

ハーディーには息子が四人いました。いずれも、イェールとは直接の関係はありません。ですが、「養子」ともいうべき「ジョゼフ・ハーディー・ニイシマ」（新島襄の英文名です）だけは別です。新島、したがって同志社は、皆さまのイェールと予想以上に近い距離にあります。今日は、そのあたりの知られざる消息をざっと紹介いたします。

ちなみに、「新島とハーバード」については、北垣宗治名誉教授による紹介文がすでにあります（井上勝也・北垣宗治編『ニューイングランドにおける新島襄ゆかりの場所』一五頁以下、同志社、二〇〇五年）。ですが、「新島とイェール」に関するまとまった情報は、今日が本邦初公開かも知れません。

交歓演奏会

先月のことですが、このホールでイェールの四回生、十四人からなるアカペラ男声合唱団（The Yale Whiffenpoofs of 2009）が、すばらしい演奏を披露してくれました。本学のグリークラブとの交歓《ジョイント》演奏会《コンサート》でした。

さきほどの両校校歌（カレッジ・ソング）の交歓からもお分かりのように、双方の大学の校歌は、メロディーがまったく同じです。二曲とも歌詞が違うだけですから、まるで「替え歌合戦」です。そのうえ、同志社の方も英語の歌詞で、「日本一、覚えにくい校歌」と皮肉られます。滋賀県にいたM・W・ヴォーリズというアメリカ人の作詩です。

ちょっと昔話をしますと、私が大学生であった一九六五年に、イェールのグリークラブ（当時は男声）が、世界演奏旅行の一環として、京都で演奏会を開きました。私は歓迎の挨拶をしました、普段使わないピカピカの英語で。その時から四十四年が経《た》った今日、グリーOBを含むイェールの方々に対して、こうして再びスピーチができるのは、大変光栄です。しかも、今回は同時通訳ですから、使い古した母語でOK、というのです。助かります。世の中、便利になったものです。

新島とポーター

学生時代の私は、イェールと同志社がこんなにも近い関係にあるとは、思ってもみませんでした。まるで親戚付き合いです。その起点は、もちろん新島襄です。

新島は、ハーディーの世話で、ニューイングランドにある三つの学校（いずれも名門の伝統校です）に学びました。高校はフィリップス・アカデミー。この学校から進学する大学としては、当時、イェールがトップでした。ただし、新島は牧師志望でしたから、大学はアーモストに行きました。この大学は、もちろん神学校（大学院）じゃありません。ですが、当時、「牧師製造工場」と呼ばれたくらい、キリスト教色濃厚なカレッジで、いわば神学校の予備校みたいなものでした。

新島はアーモスト大学の学生なのに、在学中はイェールのN・ポーター学長（第十二代）からとても可愛いがられました。人柄でしょうか。ニューヘイブンというボストンとニューヨークの中間にある町に足を運んで、大学を四回も訪問したり、見学したりしています。そのうち、三回は、なんと学長住宅に泊めてもらっています。

日本に帰国する際には、学長は夫人やハーディー夫妻といっしょにわざわざニューヘイブンの駅まで同行して、新島を見送っております。ハーディーへの敬意もあったでしょうが、学外の学生にしてはこれはすごい待遇ですね。

ポーター宅を常宿に

十年後の二度目の渡米の時もそうです。入国直後と出国直前に訪ねてきた新島を学長は、やっぱり自宅に泊めて、歓待しています。

新島は「かねて私の御世話に相成《あいなり》候《そうろう》校長ポルター先生之《の》家を訪ね、夕飯の御馳走に相成《あいなり》」、「結構なる御部屋にて寝る事を得、十分に休息致申候《いたしもうしそうろう》」といった具合です（③三〇三）。

アメリカ滞在中、もう一度、訪問しています。だから、新島は都合三度、世話になっています。ニューヘイブンでは、学長宅がまるで新島の「常宿」でした。

複数回にわたる訪問の中で、とくに注目したいのは、日本に帰国する直前の訪問です。新島は学長宅に宿泊した翌日、イェール神学校（大学院）で院生たちに日本伝道の消息を語っています（③三六八）。おそらく新島は、日本で働く人材が欲しいというアピールやリクルート活動をしたと思われます。

その成果でしょうね、翌年一月になって三人の学生（卒業生か）が、同志社教員になる志望を同志社のD・W・ラーネッド教授に伝えてきました（D.W.Learned to N.G.Clark, Jan.16, 1886, Kyoto）。理由は定かじゃありませんが、結局、この人事は実現しませんでした。イェールの卒業生でもあったラーネッドは、先輩としても、はなはだ残念だったと思います。

薩摩留学生

新島とイェールとのそもそもの出会いですが、もちろん学長と最初から懇意であったわけじゃありません。最初の訪問は、一八六九年、つまり今からちょうど百四十年前のことです。卒業式を見学するために出かけた際、キャンパスで日本人留学生ふたりと会っています。吉原重俊と種子島綱輔《けいすけ》という薩摩出身の青年です（⑥五四）。

彼らは一八六六年（新島が密出国した二年後です）、薩摩藩が欧米に密かに派遣した留学生の一部で、アメリカでは偽名を使っていました。当時、前者は大原令之助、後者は吉田彦麿と名乗っています。ふたりは、アーモストとボストンの真ん中あたりに位置するモンソン・アカデミーの生徒で、すでに新島とは交流がありました。だから、新島としては、イェールでも会いたかったに違いありません。あるいは、しめし合わせて、卒業式で「合流」したのかもしれません。

宗教色に差異

ちなみに、新島はイェールの卒業式では、ただ一点だけ、不満を覚えています。「卒業式はあまり好ましくありませんでした。式にはキリスト教的要素が、あまり見られなかったからです」（⑥五四）。

ですが、イェールのキリスト教だって、そう捨てたもんじゃありません。翌年（一八七〇年）のことですが、イェール神学校教授のT・ドワイトは、こう断言しています。「イェール・カレッジは、真実なキリスト教的な感化を顕著に受けた、わが国で最大、最高の教育機関である」と（G.W.Pierson, *Yale College An Educational History 1871—1921*, p.11, Yale University Press, 1952）。

学部生のおよそ三分の二が、どこかの教会に所属する会員（信徒）でもありました（*ibid.*, p.13）。それなりにピューリタン的です。

アンドーヴァー神学校

けれども、もしも新島がイェールの校風や式典にほんとに失望したとするならば、アーモストと比較したからでしょう。なにしろ「牧師製造工場」と呼ばれるくらい、宗教色が濃厚でしたから。「牧師製造工場」と比較されたら、天下のイェールも色あせます。

それはさておくとして、アーモストを出てからの彼の進路先は、アンドーヴァー神学校です。新島はここを出て、牧師となったばかりか、アメリカン・ボード（A.B.C.F.M.）の宣教師にも取り立てられます。このミッションの理事長が、たまたまハーディーであったことが、新島には幸いしました。

幸いと言えば、新島が学んだ学校は、すべてハーディーの息がかかった学校です。ハーディーは各校の理事、あるいは理事長をしておりましたから、いわば「養子」の入学には、便宜をはかってもらえたはずです。新島の実力だけでは、とうてい入れるような学校（特に高校と大学は）じゃありません。

イェール出身の日銀総裁

大学院時代で注目すべきは、例の岩倉使節団の来米です。新島は日本政府から国費留学生になることや日本政府への出仕を熱心に勧められます。いずれも実にありがたい話なんですが、新島は迷うことなく断っております。もしも、承諾していたら、帰国後の立身出世（セレブ）は、間違いありません。そのかわり、同志社は出来てなかったでしょうね。

出世と言えば、先に触れた吉原重俊です。彼は一八七〇年（新島がアーモストを卒業した年）にイェールに入学しました。イェールが迎えた日本人留学生第一号です。彼はその後、留学生でありながら、日本政府にスカウトされ、外務省書記官に取り立てられます。

帰国後は大蔵省に転じます。最後は若くして日銀の初代総裁にまで上りつめます。新島とイェールで会ってから、わずか十三年後のことです。イェールを出れば、誰でも三十七歳で総裁になれる、とは限りません。しかし、(薩摩と並んで)イェールの威光は、たいしたもんですね。

イェールへの転校を考える

それとはもちろん関係ないことですが、実は新島もイェールへの入学を考えたことがあります。新島の神学生時代のことです。これまでまったく注目されていませんが、イェール神学校への転校です。二年生の終わり(一八七三年)の頃でした。

最終的には、ハーディーの忠告でアンドーヴァー神学校へ復学することに決めます。ちなみに、転校の理由は、健康状態です。アンドーヴァーの寒さが、リューマチには、こたえたのです(⑥一三〇)。

もし、実現していたら、同志社に来るD・W・ラーネッドと入れ違いになったはずです。ラーネッドが、大学院を終えた年ですから。

新島が転校先として、イェールを選ぼうとしたのは、なぜか。もちろん、同じ会衆派系の神学大学院だったからです。ですが、ポーター学長抜きには、考えられません。ハーバード神学校という選択肢だって考えられないことは、ないのです。でも、どう考えてもイェールでしょう。

前にも見たように、初期のアーモストの理事は、ほとんどイェールの卒業生でした(本書二二七頁)。

ポーター家とアメリカン・ボード

イェールの学長と言えば、ポーターの家系はすごいですね。ポーター学長の弟（兄弟揃ってノア・ポーターと言います）は会衆派の牧師で、ファーミントン（コネチカット州）の教会を六十年にわたって担当しております。

その間、一八一〇年九月五日にアメリカン・ボードの設立総会が、彼の教会の牧師館で開かれております。（飯謙「私学危機と創立者―イライザ・タルカットに関するノート」、『基督教世界』二〇一〇年六月一〇日）。これが第一回の年次大会です。

この事実は当然、新島には既知の事柄であった、と思われます。イェールへの転校を考えた一八七三年と言えば、彼がアメリカン・ボードの宣教師に任命される前年です。

ハーバードではなくて

新島にとって、イェールは「第二の母校」です。ポーター学長との個人的な交流は、相当に深かったのです。その証拠が、新島遺品庫に保存されています。学長からの手紙です。秘書によるタイプ打ちや代筆じゃなくて、もちろん直筆です。なんと六通もあります。

参考までに日付を紹介します。留学中が一通（一八七四年九月十六日）、帰国後が二通（一八八一年十一月二十八日、一八八三年九月二十七日）。それに二度目の訪米中のものが三通（一八八五年一月二十四日、五月三十日、十二月十二日）です。このほか、ポーターの著作も三冊、新島が残した蔵書の中に混じっています。

なお、ポーターというイェールの教授が、一九二四年に同志社を訪ねていますが、もちろんポーター学長じゃありません（『同志社年表』一〇三頁、同志社社史史料編集所、一九七九年）。

一方、新島にとって、ハーバードの魅力は、実に希薄です。新島は生涯で一、二度しかハーバードを訪問していません。そのうえ、C・W・エリオット学長との個人的な付き合いは、ゼロです。おそらく、神学的な教派色の違い（イェールはトリニテリアン、ハーバードはユニテリアン）も左右した、と思われます。ちなみに、エリオット学長は、のちに一度、新島死後の一九一二年ですが、同志社に来ております（同前、七〇頁）。

教え子が続々とイェールへ

さて、新島がここ京都に立ち上げた同志社からは、初期ほど新島の後を追うように、アメリカへ留学する卒業生や中退者が実に多く出ています。たとえば、一八七五年に最初に同志社に入学した学生は、わずか八人（全員中退です）でした。そのうち、なんと二人がアメリカ留学です。中島力造がイェール、元良《もとら》勇次郎がボストン大学、ついでジョンズ・ホプキンズへ行きます。ふたりは、帰国したのち、そろって帝大（東大）教授になります。前者は「日本倫理学の父」、後者は、「日本心理学の父」と称えられる逸材になります。

最初の正規の同志社卒業生（一八七九年卒）、すなわち「熊本バンド」となると、いっそう目を見張ります。十五人中、なんと五人が留学、それも全員イェールです。そのうち、小崎弘道と横井時雄は同志社総長（当時は社長）、残る三人（浮田和民《かずたみ》、森田久萬人《くまと》、市原盛宏）は同志社教授になります。

イェールから同志社総長が四人出る

彼らの後輩、原田助《たすく》と牧野虎次を含めますと、イェールに学んだ同志社総長はもっと増えて、四人になります。つまり、新島以後の同志社総長（第二、第三、第七、第十一代）は、そろってイェール関係者ということになります。圧巻です。

同志社からイェールに行く留学生の数は、この当時、他校（早稲田、慶応、帝大）を圧倒します。慶応（十六人）、早稲田（十四人）、帝大（東大、四人）の三校を合わせた数（三十四人）に匹敵するのが同志社（三十二人）です（杉井六郎「イェールの日本人」九三頁、『同志社アメリカ研究』一三、一九七七年）。これは、もちろん新島と無関係じゃありません。とりわけ、再渡米中に彼が、ポーター学長を訪ねて、同志社留学生の受け入れを懇請したことが、大きかったと考えられます（⑥二六九）。

アーモストはどうか

それにしても、初期の同志社は、まるでイェールカラーに染め上げられた、と言いたくなるほど、イェール色が濃厚です。

これに対して、新島の母校、アーモスト大学への留学はどうか、と言いますと、これが予想外に少ない。意外です。北垣宗治氏の調査によれば、新島の生存中は、たったひとり、沢山雄之助《さわやま》（一八八九年留学）だけです。時期を十九世紀末まで広げても、あとひとり（磯貝由太郎、一八九六年留学）出るだけです。しかも、ふたりとも卒業はしておりません。

学士号をとって卒業したとなると、生島《いくしま》吉造（一九三〇年クラス）まで待たなければなりません。新島から数えて六十年後のことです。

つまり、イェールに比べると、圧倒的に少ないのです。新島はアーモストじゃなくて、イェールを出たのだろうか、と錯覚を起こしかねません。それくらい、交流は密です。

山崎為徳《ためのり》の英語演説

留学生と言えば、同志社で最初にイェールに行くべき卒業生は、山崎為徳《ためのり》だったでしょうね。彼は、最初の卒業生十五人中、最優等の学生でした。卒業後、すぐに同志社教授になっています。

彼の卒業演説は、実にすばらしかったようで、評判を呼びました。堂々たる英語です。「日本学術論」とでも言うべきスピーチは、外国人教員（ラーネッドでしょうか）を驚かせました。「アメリカの学生にも負けない出来だ」、というのです。彼の推薦で、ボストンのミッション本部が出している月刊の機関誌に全文が掲載されました。

冒頭には、「わずか二、三の単語を入れ替えた以外は、誰からも指導や助言をしてもらわずに書かれた」とあります（*Missionary Herald*, Oct.1879, p.65, A.B.C.F.M., Boston）。いまの帰国子女以上の英語力です。私など、英語辞書なしには精読しかねます。

「日本のイェール」に

山崎の主張は、要するに学校では「科学と神学」双方を教えるリベラル・アーツ教育が大切だ、というのがポイントです。

こんな表現が、あります。「アメリカ初期のピューリタンたちにとって、キリスト教と教育は二大勢力でした。ハーバードとイェール、ウィリアムズとアーモスト、アンドーヴァー（神学校）とダートマスを見よ」。

それに、「アメリカは自由とキリスト教のチャンピオンです」と断定もしています。アメリカの古き良き時代でした。で、特に注目したいのは、次の呼びかけです。

「同志社を日本のイェール、日本のアンドーヴァー神学校に」！（以上、*ibid.*, pp.367〜368）。

彼にとって、イェールはあきらかに同志社のモデルでした。もし、彼が二十四歳で病死しなければ、同級の誰よりも早く、本場のイェールで研鑽《けんさん》を積めたはずなのに、と残念でなりません。

それが実現していたら、同志社は「日本のイェール」に早くから近づけたのに、と思います。

同志社の姉妹校

留学生の交流からすれば、イェールはたしかに「同志社の姉妹校」でした。いや、それはかりか、山崎が認めるように、「同志社のモデル校」でもあることが、お分かりいただけたかと思います。この点は、例の岩倉使節団の存在に着目すれば、もっと説得的になるはずです。

新島は神学生の時に、一年間、休学をして文部理事官、田中不二麿《ふじまろ》の手助けをします。新島は二度にわたって田中をイェールに案内しております。その際、取材を受けたポーター学長は、彼ら二人を自宅に泊め、「日本に必要なのは、アメリカの独立的キリスト教カレッジである」と進言しています(N.Porter to W.E.Dodge, May 1, 1872, New Haven)。

「独立的キリスト教カレッジ」とは何か。おそらくイェールが念頭にあったはずです。イェールのようなリベラル・アーツ・カレッジこそ、これからの日本の近代化に不可欠ですよ、という勧めです。ポーターの手紙によると、新島はもちろん、田中もこれに賛同したといいます。

新島の分岐点

そこで、推測を膨らませてみます。帰国したらキリスト教大学（カレッジ）の創設に取り組みたい、という夢を新島は、いつから抱くようになったのか。個人的な感化としては、ポーター学長の感化が、大きかったように思われます。

そう思うと、ポーターの先の助言は、新島にとって田中との一連の教育視察と並んで、ひとつの契機、ひいては分岐点になったような気がしてなりません。

これを裏付けてくれる証拠が、ひとつあります。この頃、岩倉使節団の顧問役とでもいうべき人に、ランマン（C.Lanman）というアメリカ人がいます。ワシントンに近いジョージタウンに住んでおり、日本人留学生の少女、とりわけ津田梅子の世話を十年以上にわたっていたしました。そうした関係から、新島とも接触しております。

新島は、田中不二麿から懇請され、ニューイングランドだけじゃなく、ヨーロッパへもいっしょに教育視察に出かけます。その前後のことですが、ランマンは新島から直接、聞いたと思われる発言を書き残しています（和田洋一「新島襄とドイツ」一二四頁、注三、『日本の近代化とキリスト教』新教出版社、一九七三年）。

「将来の進路を宣教師にするのか、あるいは教師にするのか、私はまだ決めておりません」（Charles Lanman, *Leaders of the Meiji Restoration in America*, p.62, The Hokuseido Press, 1931）。

宣教師か、教師か——これは、なかなか大事な証言です。というのは、新島はそれまでは宣教師、というか牧師志向だったはずです。ところが、ここへ来て、教育者、あるいは学校設立者になるという選択肢が、大きく浮上してきた、と考えられます。言い換えると、この時点まで、キリスト教教育を実践するという考えは、彼の中でそれほど大きくはなかったのでは、と思われます。

キリスト教教育への開眼

なんと言っても、当時の日本では例のキリシタン高札《こうさつ》がいまだ街中で生きていた時代です。撤去されるのは、この翌年ですね。だから、キリスト教学校の設立なんて、夢のまた夢です。かりに教育者を目指す場合でも、帰国後、とりあえず「単なる教員」（それも政府から離れて）をしながら、「聖書の教師」になれる日を待つ、という思惑です（*ibid.*, p.62）。

要するに、使節団やポーターとの接触を通して、新島は自分の軸足を教育に置くことを考え始めた、と言えるでしょうね。とすれば、キリスト教教育への開眼です。

結局、彼はこれより二年後に宣教師となってアメリカから帰国し、伝道のかたわら教育（同志社）にも精力を傾注する、という二足のワラジを履《は》くことになります。こうした「兼業」に至るには、田中だけでなく、ポーターの感化も大きかったように私には思われてなりません。

同志社のモデル校

これと同時に見落とせないのが、それから十三年後のイェール訪問です。同志社を立ち上げてから十年が経ちました。新島は、保養のかたわら、アメリカでも大学設立運動を展開しました。ポーターのかつての助言が、若き新島の学校構想を膨らませたとしたら、当時の新島は、それを幾分かは実現させることに成功したと言えます。ならば、新島としては、ポーターにその後の経緯を報告する義務があります。

久し振りにポーターに再会できた新島は、学長にあれこれと報告すると同時に、今後に向けての助言と支援を再度、依頼したはずです。

「先年、厚キ御世話ヲ受タル」ポーター相手に、新島は夜遅くまで「日本ノ状勢ト、京都学校（同志社です」ノ事ニ付、談判。時刻ヲ遷《うつ》シテ一日ヲ終リ、先生ノ御宅ニ寝ネ」といいます（⑤三三二）。新島が吐露《とろ》した「京都学校ノ事」（大学昇格計画）に対して、ポーターがどんな反応をしたのか、おおいに気になります。会談の結果は、ほぼ推測できます。「君の大学案に賛成する」というのです（⑥二八二）。この答えは、新島を狂喜させたはずです。「お墨付き」をもらったのも同然ですから。それも、この分野の最高権威のひとりから、ですよ。

とすれば、同志社や新島伝において、「同志社のモデル校はアーモスト」とされて来たこれまでの常識は、ちょっと一面的すぎるでしょうね。もう少し柔軟に考える必要があるのでは、と思われます。とりわけ、リベラル・アーツ教育の点では、ポーター学長時代のイェールが、同志社の典型的なモデル校になりえます。なにしろ、（ハーバードのエリオット学長と違って）ポーターは筋金入りのリベラル・アーツ主義者ですから。

ラーネッド

以上のことは、D・W・ラーネッドというもう一人の宣教師の存在に着目すると、なおさら明白になります。J・D・デイヴィスと共に初期同志社を背負った代表的な外国人教員です。

ラーネッドはイェールの学部を一八七〇年に終え、さらに大学院をも一八七三年に出ています。学者のイメージが強烈ですが、実は会衆派の牧師でもあります。彼の父親が、やはりイェールを出た牧師ですから、二代続けての牧師です。

ラーネッドは大変な秀才です。専門はギリシャ語と神学でした。けれども、同志社では体操から天文学まで、それこそいろんな教科を教える「カリスマ教員」でした。政治学や経済学の分野でも日本のパイオニアです。たとえば、彼は同志社で初めて、「万国公法」という科目（今なら国際法）を教えています。その教科書は、T・W・ウールジィ教授（ラーネッドの叔父です）の著書でした。

つまり、ラーネッドは、イェールで受けた授業をそのまま同志社に移植しようとしたのです。ちなみに国際法のこの本は、新島も旧蔵しています。さらに、ラーネッドはポーターの授業もとっていました。

ちなみに、ラーネッドがイェールで政治学の授業を受けた際、同じクラスに日本人学生がひとり混じっていました（河野仁昭編『回想録　D・W・ラーネッド』五頁、同志社、一九八三年）。彼こそ、ラーネッドが出会った最初の日本人（吉原重俊）です。経済学の場合も、そうです（同前、一二～一三頁）。

イェール卒の教員

このラーネッドに関しては、イェールとの交流がやや誇大に強調されやすいので、注意が必要です。同志社にはほかにもA・W・スタンフォード（在任十年）やM・R・ゲインズ（在任六年）といったイェールの卒業生がいました。新島最晩年の同志社で、彼らがラーネッドの同僚であった時期は、実に外国人教員の三分の一が、イェール卒でした。だから、ラーネッドひとりが、イェールを代表していたわけじゃけっしてありません。

要するに、留学生としてこちらからイェールに行くだけじゃなく、向こうからも、教員が結構やって来ているのです。この点でもイェールは、立派に同志社の姉妹校ですね。

これに比べると、ハーバードはダメです。だいたい、十九世紀にアメリカン・ボード宣教師として日本に来た卒業生は、ホワイト（S.S.White, 一八八四年卒）とベネット（H.J.Bennett, 一八九八年卒。ただし、大学院はアンドーヴァー神学校）だけ。わずかふたり、です。これが同志社教員となれば、ゼロです。いや、ハーバードどころか、あのアーモストですら、やや影が薄くなります。新島校長時代に、同志社で教えたのは（新島を除くと）A・W・スタンフォード（一八八二年卒。ただし、大学院はイェール）ひとりだけ、という寂しさ、ですから。

やはり、イェールは突出しています。だからと言って、ラーネッドを過大評価してはなりません。たとえば、カレッジ・ソング制定の件。時に誤解されていますが、イェールの校歌から曲（メロディー）を借りたのは、ラーネッドが仲介したからではありません。現実には、W・M・ヴォーリズ自身の判断による独自の選曲でしょう（本書二六五頁を参照）。

ほかには留学生の件も、そうです。イェールへの留学生が、初期の同志社から多数出たのは、これまたラーネッドが、特に尽力したからでもなさそうです。彼はイェールに限らず、日本人学生のアメリカ留学にそれほど積極的な姿勢をとってはおりません。

吉原重俊と同級

留学生と言えば、ラーネッドはイェールでは、「オハラ」(Ohara) という日本人学生と政治学のクラスで同級だった、と回顧しております(『回想録』五頁)。この人名はこれまで、「小原《おはら》」と訳されてきました(同前)。実は大原《おおはら》令之助(本名は吉原重俊)です。そうなんです、日銀総裁になるあの吉原です。ということは、(前に触れたように) 吉原は新島だけじゃなくて、ラーネッドとも早くから知遇を得ていたことになります。奇しきことですね。

奇しきことと言えば、こういうこともあります。吉原は最初にイェールを正規に出た日本人です。アジア人では、中国人の容閎《ようこう》に次いで二人目です。ふたりは、モンソン・アカデミーの卒業生ですから、高校も同じです。なぜか。共にS・R・ブラウン(在横浜)という宣教師の世話で留学したからです。ブラウンの故郷には、彼の母親が住んでいましたし、イェールは彼の母校です。

ちなみに、新島が牧師・宣教師として帰国したのに対し、容閎は入信したものの、宣教師になることを拒んで一《いち》信徒として帰ります。一方、吉原は、といえば、彼の場合は、キリスト教を受け入れることもなく、帰国します。

彼ら三人は宗教的には、三者三様の帰国の仕方をしています。同じ留学でも、収穫物は別々です。と言うより、新島独り、特殊なんでしょうかね(容閎については、拙著『アメリカン・ボード二〇〇年』三四頁以下、ならびに容閎著・百瀬弘訳『西学東漸《とうぜん》記—容閎自伝—』平凡社、一九六九年を参照)。

同志社の初代学長

話を同志社に戻します。同志社は、新島の死後、三十年を経てようやく、すなわち一九二〇年におよんで、大学令による大学になりました。関西では最初の私立大学で、全国的に見ても最初のキリスト教主義大学です。総長には第一回卒業生の海老名弾正《だんじょう》が迎えられました。

注目したいのは、それ以前の大学（専門学校令による）の初代学長が、ラーネッドだった、ということです。後にも先にも外国人が学長になったケースは、同志社大学ではこの時だけです。

ちなみに、お隣りの同志社女子大学の場合も、戦後のことですが、初代学長は、おなじくアメリカン・ボード（ウーマンズ・ボード）宣教師が選ばれています。女性（E・L・ヒバード）です。

ラーネッドの家系

ここで指摘しておきたいのは、ラーネッドの家系からは、母方、父方、双方ともに錚錚《そうそう》たる牧師や学者が輩出している点です。すごいですよ、大変なラインアップです。そもそも彼のファースト・ネーム（ドワイト）は、一族のティモシー・ドワイトから取られています。ドワイトは、イェールの第八代学長です。

このドワイトは、なんと「ニューイングランド神学」を代表する高名な神学者、あのジョナサン・エドワーズ（イェール卒）の孫なんです。エドワーズは、「アメリカン・ボードを立ち上げた際の最有力神学者」と称えられているほどの人物です。彼が創立に大きな力を奮ったミッションから、新島もラーネッドも、日本に派遣された、という訳です。

ドワイトの孫（同姓です）も、祖父同様にイェールで学長をしました。新島が深く傾倒したポーター学長の後を襲って学長になった人です。イェールでは「大学の父」と呼ばれるほどの功労者です。彼の時代にイェールはカレッジからユニヴァーシティーになります。同志社で言えば、（専門学校令による）同志社大学を実現させ、同志社「中興の祖」と呼ばれた原田助《たすく》総長のような存在ですね。

現在、イェール大学にはふたりの同姓学長（ティモシー・ドワイト）の名前をとったカレッジ（建物）が、存在します。もちろん、ジョナサン・エドワーズ・カレッジも、です。

T・W・ウールジィ学長

ラーネッドの叔父は、先に名前が出ましたT・W・ウールジィと言い、ラーネッドがイェールに在籍していたときの学長です。ティモシー・ドワイト（祖父の方です）の甥で、ポーター学長の前任者です。キャンパスには立派な像が立っています。

ちなみに、ポーターが学長になった時の就任式には、森有礼《ありのり》（今なら駐米大使）が来賓として祝辞を述べています。ラーネッドは、式典でそれをちゃんと聞いております。彼が聞いた最初の日本人スピーチです（『回想録』五頁）。

ラーネッドは、叔父のウールジィから学部生としては政治学を、大学院ではギリシャ語などを習っています（竹中正夫「D・W・ラーネッド」一〇三頁、『同志社時報』七六、一九八四年三月）。おまけに、ラーネッドの父親もウールジィの教え子です。

以上から、分かるように、同じ家系から、イェールの学長（都合、三人です）と同志社の学長、という逸材が、生まれているのです。これも両校をつなぐ太い絆の一本です。ここからも、両校の姉妹関係が、みごとに窺えますよね。

ウールジィ・ホール

校舎の点でも、象徴的です。私どもの京田辺キャンパスには、ラーネッド記念図書館が雄姿を誇っています。いまや、京田辺のランドマークです。それとまさに気脈を通じ合わせるかのように、イェールのキャンパス中央には、ドワイト・ホールとウールジィ・ホールが鎮座《ちんざ》しています。

後者は、大学創立二百年を記念して、一九〇一年に建てられました。座席数が約二千七百のコンサート・ホールで、キャンパスの中心部に今も威容を誇っています。皆さまお座りのこのホールは約千席ですから、いかに巨大か、お分かりですね。しかも、築《ちく》百八年ですよ。ウールジィ先生の威光にはびっくりです。

このウールジィ・ホールは、グリークラブを始め、音楽サークルの活動拠点です。さきほど、イェールのグリーOBの方から、イェールは「歌う大学」（a singing college）だ、という紹介がありましたね。であれば、ウールジィ・ホールは、さぞかし歌の殿堂なんでしょうね。

カレッジ・ソング

こうしたホールやクラブでよく歌われたのは、学生歌やカレッジ・ソング（Bright College Years）でしょう。今日の集会でも、後者から始まりました。残念ながら一番だけでした。聞きたかったのは、実は四番です。私たち同志社関係者には実に印象的な歌詞で締めくくられていますから。最後の箇所に来ると、イェールの合唱団員はポケットから白いハンカチを取り出します。それを左右に大きく振りながら、フォルテシモで最後のフレーズを歌います。

"For God, for Country and for Yale !"

どこかで聞いたような文言ですね。そうなんです。同志社のカレッジ・ソング（One Purpose）のエンディング（四番の最後）を思わせる歌詞なんです。

"For God, for Doshisha and Brotherhood !"

見事な「対句《ついく》」

同志社カレッジ・ソングは、滋賀県の近江八幡《はちまん》に住んでいたヴォーリズの作詩で、奇しくも今年がちょうど作詞百周年です。両校校歌の最後は、歌詞が見事に符合しています。いわば国際的な「対句」です。姉妹校らしいコラボです。

イェールでは、このカレッジ・ソング以外にも、「♪イーライ・イェール」（Eli Yale）という男声合唱曲がポピュラーです。その一節には、The saddest tale we have to tell is, when we bid old Yale farewell. とあります。「最大の悲哀《かなしみ》は、懐かしきイェールと別れるとき」といった意味です。じゃ、反対に「もっともうれしい時は」いつでしょうか。私なりの答えを出すと、こうです。勝手に作詞しますと――

The happiest tale we'd like to tell is, when we cheer and work
For God, for Doshisha and for Yale!

「♪神のために」

いっしょに「母校のために」、「神のために」と歌ったり、同じ目的に向かって共に働きたい、と歌い上げます。特に「神のために」という言葉が暗示する内容、これはなかなか意味深《しん》ですね。イェールと同志社に共通する遺伝子こそ、「母校のため」であり、「神のために」です。

最後に、皆さま、ちょっと後ろを向いてください。突き当たりの壁面に横一筋、英文が飾ってあるのが、ご覧になれますね。新島襄が同志社英学校第一回の卒業式で、小崎弘道や山崎為徳《ためのり》、横井時雄といった青年たちに贈った餞《はなむけ》の言葉です。日本語で言えば、「行け、行け、こころ安らかに。奇しき み手、汝らを導かん」です。

イェールの方々も、どうかこれを胸に刻み込んでください。引き続き「神のために」よき働きをされますように、祈ってやみません。

（イェール校友会・同志社校友会交流会、同志社大学寒梅館ハーディー・ホール、二〇〇九年七月六日）

同志社カレッジソング百年
――新島襄とW・M・ヴォーリズ――

「カサブランカ」で連想するもの

「カサブランカ」と聞いて、皆さま、何を連想されますか。答えは、まあ三つはありそうです――園芸愛好家ならユリ、地理好きならモロッコ、そして映画ファンなら「君の瞳に乾杯！」、でしょう。これに四つ目の答えを加えるとしたら――曲の名、スナック店、さらにマンションの名前――といった具合にどんどん広がって行き、収拾がつかなくなりそうです。が、同志社人なら「ワン・パーパス」、と行きたいもんです。

「カサブランカ」というアメリカ映画で、突然、「ワン・パーパス」(One Purpose) が流れます。正確に言えば、同志社の校歌（カレッジソング）と同じメロディーが、いきなり流れ出ます。

アメリカ映画の古典

事実を確認するために、数年前、ビデオを借りて、三回続けて見ました。見てびっくり、すごい名画ですね。大人向きの実に上質のラブストーリーです。若い世代の受けはどうなんでしょうか。学生なら沢田研二のヒット曲「カサブランカ・ダンディー」（一九七九年）の方でしょうか。

とにかく、私のような年配者には感動もんです。第二次世界大戦中の作品（一九四二年）ですから、もはや古典と言えるでしょう。どこから見ても、映画史上に残る不朽の名作であることに、間違いありません。

ハンフリー・ボガートとラビット・ポンド

ストーリーもさることながら、主役がいい。ハンフリー・ボガートとイングリッド・バーグマンという天下の美男美女。この美形カップルが放つ魅力は、圧倒的ですね。おまけに私と同じ歳なんです、映画が。アメリカでの初公開が私の誕生日の二日前、というのも、何かの縁《えにし》でしょう。

そんな私事以上に、人知れずこの映画に思い入れが強いのは、別にもうひとつ、理由があります。主演のボガート（一八九九年～一九五七年）が新島襄の後輩なんです。フィリップス・アカデミーの。ただし、中退です。新島が在学してから、半世紀後のことです。どうやら退学処分のようで、ボガートはやむなく、十八歳で海軍に転じます。

退学理由が気になります。成績不良、校則違反、進路変更――といろいろ取りざたされております。その中でもっとも面白い伝承は――校長を池（Rabbit Pond）に放り込んだから、というのです。真偽のほどは知りませんが、話としては実に面白い。

私は一昨日、新島足跡ツアーで、ボストンから戻ったところなんですが、八日前にアンドーヴァーを訪ね、新島とボガートの母校を又々見学してきました。例の池（本書口絵⑩）は、校内にあります。

私はボガートの「非行」を妄想しながら、「現場」はどこかな、と池の周辺を刑事のように歩き回ってみました。

　ちなみに、この池は冬には凍りますから、近所の子どもたちには格好のスケートリンクでした。新島もおそらく「銕《てつ》の沓《くつ》」をつけ（③三二）、トライしたはずです。

「ラインの守り」

　おっと、脱線しました。「カサブランカ」の映画に戻ります。ボガートが経営する酒場のシーンでナチス党員たちが歌う歌、あれは「ラインの守り」(Die Wacht am Rhein) というドイツの歌です。ドイツ国歌のように愛唱された国民歌です。これに対抗して、フランス人の客たちが歌い出すのが、「ラ・マルセイエーズ」、フランス国歌です。酒場はこうしてがぜん、両国国歌で相互に激しく撃ち合うような歌合戦の戦場に急変します。

　戦闘の結末は、と言いますと、ドイツ軍の負けです。「ラインの守り」はフランス国歌の大合唱に掻き消され、やがて消え入ります。反ナチス映画の「カサブランカ」で、もっとも印象的なシーンのひとつです。

　ちなみに、この映画のステージとなった街がカサブランカです。当時はフランス領モロッコの首都でした。街はナチスの支配から逃れるためにアメリカに亡命するヨーロッパの人たちでごった返していました。

当初、映画監督は件《くだん》のシーンの挿入歌として、ナチスの党歌（Horst-Wessel-Lied）を考えていたようです。が、著作権にひっかかるために「ラインの守り」に変えたといいます。

だから、このシーンをビデオなどで見た同志社大学の学生たちが、「ラインの守り」、すなわち「ワン・パーパス」をナチスの歌と即断しても、ちっとも不思議ではありません。その結果、「ナチスの歌を同志社が歌ってもいいんですか」と時々、突っ込まれます。

ラインの危機

事実は逆です。もともと「ラインの守り」は、ウイルヘルム（K.Wilhelm）という音楽家が一八五四年に、シュネッケンバーガー（M.Schneckenburger）という詩人の作品に曲をつけたものです。ドイツ人好みの作品に仕上がったので、あのビスマルクからも誉められて、個人的に謁見もされています。さらにその数十年後に、今度はナチスに熱烈に見初《みそ》められます。

そもそも「ラインの守り」は、十九世紀に隣国フランスとの間で勃発した国境紛争、いわゆる「ラインの危機」の副産物です。だから、その内容は「ライン川を敵国から守れ」といった具合に、過激というか、戦闘的です。ざっくばらんに言ってしまうと、勇ましい軍歌めいた曲です。だから、と言うべきでしょうが、ドイツ人の心情によく訴える曲ですね。

ナチスと言えば、もちろん同志社のカレッジソング制定以後です。言い換えると、この曲がナチスから持てはやされる前に、カレッジソングはすでに生まれています。時間的な差をことさら強調して言えば、ナチスがカレッジソングをパクッた形になっています。決して逆ではありません。

イェール大学の校歌

「ラインの守り」という曲は、戦闘的、かつ行進曲風の勇ましいリズムです。だから、ナチス、あるいはドイツならずとも、愛好者が結構いました。早い話が、アメリカのイェール大学の校歌（一八八一年作曲）、「輝かしき学生時代」（Bright College Years）がそうです。歌詞はもちろん英語、だから中身は替え歌です。

ドュランド（H.S.Durand）という四年生がイェールのグリークラブのために作詩したのです。もともとイェールは、「歌う大学」の異名をとるほど合唱が盛んで、グリークラブもハーバード大学、ミシガン大学に次ぐ古参サークルです。

ドュランドの作詩は、原曲が全くの軍歌調であるのに対し、こちらは完全な学生歌です。一言で言えば、御茶《おちゃ》らけぽい、コミカルな内容です。当時のイェールは、男子校ですから、曲も歌詞も男声合唱団（グリークラブ）にはもってこいだった、と思います。ちなみに、現在は共学ですから、グリークラブも混声合唱団です。

イェールの曲をさらに借りたのが、実は同志社なんです。つまりドイツの国民歌謡を、イェールを媒介にして孫引きした、というわけです。

だから、メロディーは、「ラインの守り」、「輝かしき学生時代」、「ワン・パーパス」の三曲とも、いずれもそろって同じなんです。つまり、作曲者はカール・ウイルヘルムで同一人物、ただし歌詞はそれぞれ別人の作、というわけです。

ヴォーリズ

同志社カレッジソングの歌詞を作ったのは、ヴォーリズ（W.M.Vories）という二十八才のアメリカ人青年です。このすぐ近くの近江八幡《はちまん》を拠点に、戦後しばらくまで活躍されましたから、滋賀県では知名度は高いと思います。私も彼の輪郭については、以前『同志社時報』（一二一、二〇〇六年四月号の「同志社人物誌」九三）で紹介しました。

実は今日の講演は、「ヴォーリズと滋賀県」について、というご注文でした。が、せっかく同志社卒業生の方々がお集まりになられるんですから、同志社がらみの話しがいいんじゃないか、というわけで、焦点をカレッジソングに合わせたお話をさせてください。しかも、来年は制定百年なんです。話題としてもタイムリーかと思います。そこで、まず、制定の経緯です。

同志社グリークラブ

二十世紀を迎えたころから、同志社の学内では音楽愛好の学生たちが男声合唱（男子校ですから）を楽しむようになりました。ところが、「男が歌なんて」という社会風潮が強いうえ、合唱音楽が普及していない時代のことですから、賛美歌以外、適当な楽譜があまりありません。

こういうときに頼りになるのが、宣教師です。ギュリック（S.L.Gulick）という外国人教員が、イェール大学の歌集（男声合唱曲集）を調達してくれました。はたしてどの歌集か。私は前から関心があって、当時のその本を探しているんですが、なかなか特定できません。

最近、入手した歌集で言いますと、『イェール・ソング』（*Yale Songs*, 1889）と『イェール・グリー』（*Yale Glees*, 1893）というのが、あります。後者には「夏の彼女」（My summer girl）を始め、楽しい曲があるなかで、なぜか、両者とも「輝かしき学生時代」の楽譜が、見当たりません。アングラ曲だったんでしょうかね。もちろん、戦後の歌集（*Songs of Yale*, 1953）では、巻頭に出ております。

それはともかく、イェールの歌集にすっかり魅了された同志社の部員たちは、自分たちにもこの種のハモレる曲がほしいと思うようになり、ギュリックに依頼に及びます。

そこで彼は、おりから京都三条のＹＭＣＡ会館工事を担当していた青年建築士、ヴォーリズに曲の作成を頼んでくれました。ヴォーリズは、コロラド大学（リベラル・アーツ教育を施すカレッジです）に在学中から礼拝奏楽者として音楽を愛好するだけでなくて、作詩もし、さらに歌集も出していました。ので、適任者と思われたのです。

そのヴォーリズが選んだメロディーが、イェールの校歌だった、というわけです。「最も青年らしく、元気に満ち満ちた」曲だからというのが、選曲の最大理由です。同志社教員のカーブ（C.S.Cobb）も同意してくれた、といいます（W・M・ヴォーリズ「ワン・パーパスの回顧」、『同志社校友同窓会報』一九五二年二月二八日）。

同志社の宣教師との交流

ヴォーリズは、同志社の教員でも、同志社系ミッション（アメリカン・ボード）の宣教師でもありません。ですが、京都では同志社の宣教師と懇意でした。ロンバード（F.Lombard）の家に寄宿し、食事はデイヴィス（J.D.Davis）邸で世話になる、といった具合です。だから、同志社から校歌作成の依頼を受けた時は、「非常に光栄欣快」であった、と告白しています（同前）。

ちなみにヴォーリズと同志社を結ぶ線として、同志社で教授をしていたイェールの卒業生がよく話題になります。たとえば、D・W・ラーネッドです。が、彼を始め、同窓生が積極的にカレッジソングの制定に動いた形跡は、ほとんどありません。

ラーネッドなど、「輝かしき学生時代」制作以前の卒業生ですから、校歌は知らない、歌えないはずです。それに、デイヴィスはビロイト大学卒、カーブやロンバードはアーモスト大学の出身者。当のギュリックは、ダートマス大学卒です。やはり、イェールは蚊帳《かや》の外です。

平和

「ワン・パーパス」の制定は一九〇九年ですから、ナチスよりもずっと早いのです。おまけに歌詞もまったく異質です。「ラインの守り」の歌詞は、国境紛争にまつわる、実にきな臭い言葉の連続です。

歌詞が似ているのは、実はイェールと同志社の校歌です。前者の三番は、For God, for Country

and for Yale! で終わっています（ちなみに、この箇所に来るとグリーのメンバーは、白いハンカチを取り出して、それを左右に振りながら、歌い終わる習わしになっています）。これに対して、後者の二番、三番は For God, for Doshisha and Native land ! で、そして四番は、For God, for Doshisha and Brotherhood ! で締めくくられています。

一方、「ワン・パーパス」の歌詞は「ラインの守り」とは内容的にまったく逆です。極めて平和的なんです。とりわけ三番と四番の歌詞がそうです。だから、ヴォーリズは、全曲通して歌うのが大変で省略したい場合は、こう注文を出します。

「それなら一番と四番にして下さい。ぼくは四番の最後にある“For God, for Doshisha and Brotherhood !”を歌って欲しいなぁ」と言った、といいます（西邨《にしむら》辰三郎「同志社カレッジソングと一《ひとつ》柳《やなぎ》米来留《メリル》先生」六七頁、『同志社時報』六五、一九七八年一一月）。かねて「合唱する時は必ず四番もうたって下さい」と訴えていたことが、思い返されます（「ワン・パーパスの回顧」）。欲を言えば、イェールのグリーのように、ここはハンカチでも振って歌ってほしいところでしょうね。

それはともかく、この事から鮮明に分かるように、ヴォーリズは徹底して「世界的兄弟主義」です。自分の会社のネーミングも、近江兄弟社です。カレッジソングで言えば、Brotherhood、あるいは、oneness of our Earth です。「人類は皆兄弟」とか、「世界はひとつ」なんてことを、日露戦争直後に高唱してるんですから、驚きです。

讃美歌「平和への祈り」

カレッジソングの歌詞が平和的であることを示す確かな事実が、もうひとつあります。ヴォーリズは、讃美歌もいくつか作詞しております。その中のひとつが、二三六番として以前の讃美歌集に収録されていました（現行の『賛美歌21』には、入っておりません）。この讃美歌は、カレッジソングが作詞された前年の作品で、平和を歌っております（佐野安仁「カレッジソングの作詩者W・M・ヴォーリズと同志社」五一頁以下、『同志社スピリットウイーク講演集　二〇〇八年秋』、同志社大学キリスト教文化センター、二〇〇八年一〇月）。

詳しく言いますと、その曲には「平和への祈り」（A Prayer for Peace）というタイトルが付いています。後にヴォーリズ自身が、『湖畔の声』（一〇、一九五四年）で作詞した動機を語っています。

「この歌が創られたのは、一九〇八年のことでした。その時、外字紙の中から、ヨーロッパで進行しつつある軍備拡張の記事に目を留めました。そこで、私の信仰的な愛情から、突然、戦争に対する嫌悪の情にかられつつ、私たちのすさんだ世界に平和を生み出し、それを保つためには、一体何が必要であろうか、ということに関して、綴って行く暗示を受けたのです」（佐々木伸尚『今生きるヴォーリズ精神』一七七頁、晃洋書房、二〇〇五年、傍点は本井）。

「ワン・パーパス」も平和の歌

「ワン・パーパス」はこの翌年の作詞です。これら二曲が、ほぼ同時に作詞された――このことは、決定的に大事です。注目すべきです。そりゃそうでしょう、同時期に一方で平和を歌い、他方で戦争を煽《あお》る。これはないでしょう。そんなことをしたら、ヴォーリズの精神が、疑われます。そうじゃなくて、いずれも平和への真摯《しんし》な祈りが込められています。すぐれて統一的です。「ワン・パーパス」は、讃美歌「平和への祈り」のスピリットをフルに引き継いでおります。

さらに、本筋からちょっと外れますが、依頼に及んだギュリック自身も、平和運動家として名を残しています。帰国後、「排日法案」反対運動や、「平和の人形」交歓運動などで活躍しました。

要するに「ワン・パーパス」と「ラインの守り」とは、目指すもの、訴えたいメッセージに天地ほどの違いがあります。だから、「カサブランカ」の例のシーンを見て、たじろいたり、自己規制したりする必要は、まったくありません。この点、「ラインの守り」は不幸です。戦後のドイツでは「禁句」ならぬ「禁歌」になっていますから。

これに対して、わがカレッジソングは、二十一世紀になっても、安心して高らかに歌えます。と言うよりも、カレッジソングに込められたヴォーリズの願いと理想は、いまだに十分に実現されていない、というべきでしょう。

「火砲《ほづつ》の雷」

実は「禁歌」にすべき歌は「ワン・パーパス」ではなく、他にあるんです。「火砲の雷」です。実は、これが「ラインの守り」の翻案歌なんです。訳者は里美義《ただし》です。

早くも一八八九年十二月に東京音楽学校（今の東京芸術大学です）が出した深沢登代吉編『中等唱歌集』に三部合唱曲として載っています。目次には「ドイツ国歌（Die Wacht am Rhein）」と明記されています。ちなみに、その次に来る曲は、今も愛唱されている「埴生《はにゅう》の宿」（これも、里美義の作詩）です。これらは、いずれも尋常中学校の音楽授業で盛んに歌われたと思います。

日本語の題名からも窺えるように、「火砲の雷」こそ軍歌です。「火砲の雷なり、矢玉の雨ふる、筑《つく》紫《し》の海辺を、誰かは守れり」が一番の歌詞です。その後に「恐るな国民《くにたみ》、恐るな国民、大和男児守れり、大和男児守れり」といったリフレインが、四番まで続きます。

「ラインの危機」ならぬ、「筑紫の危機」です。まさに元歌の換骨奪胎、というか日本バージョンですよ。日清戦争まであと五年、という時期です。ヴォーリズは、まさかこんな替え歌が先に創られているなんて、思わなかったと思います。

平和と友情の歌

「ラインの守り」にしろ、「筑紫の危機」にしろ、軍歌ですから、いまではおおっぴらに歌うのが憚《はばか》られます。それに比べると、「ワン・パーパス」の歌詞は、平和と友情そのものです。仮に、もしも内容的に問題があれば、同志社大学学歌（北原白秋作詞、山田耕筰作曲）に切り替えるという手もあったはずです。私はこの曲も好きなんですが、いまだに学歌は校歌を越えられません。

「ワン・パーパス」が今でも愛唱される理由が、曲と歌詞のどちらにあるのか、私には断定できかねます。やはり双方ともに愛好されているんでしょうね。ということは、少なくとも（オジンギャク風に言えば）「歌詞に瑕疵《かし》はない」ということですよ。

その歌詞にしても、児玉実英《さねひで》教授の名訳があるにもかかわらず、やはり原語（英語）が好まれています。「日本一、覚え難い校歌」と揶揄《やゆ》されながらも、です。

まるで宣教師

それにしても、この歌詞が持つ本来の意味、真意をさらに深く探るには、作詞家の本領を探ることが大事です。ヴォーリズが宣教師に負けず劣らずの人物であることを認識する必要があります。

彼は、最初は建築家志望でしたが、途中から宣教師志望に転換いたします。学生時代から「海外伝道学生奉仕団」（ＳＶＭ）の熱心な活動家であり、ＹＭＣＡの会員でもありました。日本（滋賀県です）に来ることになったのも、東京ＹＭＣＡの斡旋です。

最初は近江八幡《おうみはちまん》にある滋賀県立商業学校（現八幡商業高等学校）で英語教員を務めます。そのかたわら、地域でＹＭＣＡ活動に着手します。けれども、それがしだいに盛んになってくるにつれて、公立学校から反発を受けます。校内で聖書を教えた、伝道した、ということで、ついに教員を解雇されてしまいます。

それでも、彼は終生、滋賀県を離れることはありませんでした。日本人なら、滋賀県の次は、京都、それから大阪、東京と「すごろく」ならぬ中央志向《ステップアップ》感覚になりがちです。が、アメリカ人、というよりヴォーリズにとっては、最初に赴任した場所、つまり近江が「世界の中心」です。えらいですね。

多面的な活動

かくして、近江での活動が本格化します。「ガリラヤ丸」による湖岸巡回伝道を始め、実業（メンソレータム販売が有名）や建築設計（いまも事務所は続いています）、社会活動、詩作、出版、医療（ヴォーリズ記念病院）、教育（近江兄弟社学園）といった多方面にわたって、活動を展開いたしました。滋賀県以外にも活動拠点があります。軽井沢です。避暑はもっぱら信州でした。だから、同地での知名度は今でも高いですね。今年の夏（二〇〇八年七月）には軽井沢歴史民族資料館でヴォーリズの展覧会が開催されました。私は、今日の講演のために見てまいりました。

彼は自叙伝を『失敗者の伝記』と銘打っています。が、なかなかどうして、見事な人生です。私は残念ながら、生前のヴォーリズに会う機会はありませんでした。夫人の一柳《ひとつやなぎ》満喜子さんとは、一度だけですが、就職面接の場で「面談」されたことがあります。

フィランソロピスト

企業家としてのヴォーリズに目を向けてみます。その活動は、実に立派です。「金《かね》より奉仕」をモットーとし、「儲けた金は一切私物化しない」という主義《モットー》で会社経営に当たりました。と言うよりも、「伝道するために企業活動をする」という社会奉仕家（アメリカでは「フィランソロピスト」と呼ばれます）と言ったほうが、よいでしょうか。

滋賀県伝道のために、「近江ミッション」を立ち上げるなど、本職の宣教師顔負けの活躍です。こうして宣教師でも至難の事業をいくつも、独自の働きで実践、運営いたしました。しかも、近江八幡で、です。

企業活動では、建築設計が突出しています。彼（の事務所）が設計した建物は、全国に今も千六百はあると言われており、いまだに愛好家が絶えません。時々、見学ツアも企画されます。設計の面では、同志社もその恩恵を蒙りました。現在も、次の四棟がキャンパスに残っています。致遠館《ちえん》（一九一二年）、啓明館（一九二〇年）、アーモスト館ならびに管理人棟（一九三二年）、新島遺品庫（一九四二年）。いずれも今出川キャンパスです。

このうち、二番目と三番目の建物が、最近、登録有形文化財に指定されました。アーモスト館はもうすぐ修復工事に入ります。

新島の「同志」

次にカレッジソング作詩家としてのヴォーリズを見てみます。そもそも彼が、同志社のカレッジソングに「ワン・パーパス」というタイトルをつけた理由、その真意はなんでしょうか。答えを端的に言えば、「同志社」という校名の英訳です。が、それも決して機械的な翻訳ではないはずです。なかなか意味深長ですよ。

と言うのは、歌詞全体が新島襄の思想や同志社の建学理念と重なっているからです。教派こそ違いますが（彼は長老派、新島は会衆派です）、ヴォーリズは、いわば新島の「同志」となって、この歌の作詞をしたのではないでしょうか。

ギュリックから作詞を依頼されたとき、ヴォーリズは「非常に光栄欣快」で感激した、と前に申しました。「光栄」の裏側には、新島の顔が浮かんできます。なぜか。ヴォーリズがアメリカから来日し、滋賀県に赴任した当時には、もちろん新島襄は他界しております。それでも、ヴォーリズは、来日して八日後にすぐに京都まで足を運び、かねて聞いていた同志社や新島襄について実地に視察をしております。

ヴォーリズは今出川キャンパスに足を踏み入れた時、「これが新島氏の創った学校か」といった感慨に浸ったに相違ありません。なにしろ、来日する時にヴォーリズの頭のなかにあった日本情報は、「同志社とJ・H・ニイシマ（新島襄）」がすべて、だったからです（「ワン・パーパスの回顧」）。すなわち、彼にとっては、日本＝同志社＝新島なんです。

日本人の「同志」

カレッジソングの劈頭《へきとう》に、lofty aim という言葉が出てきます。これなど、新島の「高尚な志」という文言を彷彿させてくれますね。ヴォーリズは、新島の志をどう校歌に織り込むか、この点は随分と苦労したのでは、と考えられます。

同志社との関係は、校歌の作詞や校舎設計に止まりません。文学部講師（一九四三年）や法学部教授（一九四四年）を務めるほか、社友（一九三〇年）や評議員にも選出されています。いわば、「身内」です。こうなれば、立派に新島の「同志」ですよ。

しかも、ヴォーリズはついには国籍まで移して、日本人の「同志」になりました。新島の場合は、あれほどアメリカに心酔しながら、日本人に終始しました。これはこれで「正解」でしょう。それに対して、ヴォーリズは、第二次世界大戦（日米戦争）が勃発した後、日本に残る方策でもあったと思いますが、日本に帰化し、日本人になりました。名前も「一柳《ひとつやなぎ》米来留《メレル》」に換えました。「メレル」（米来留）はついに「米国から来て日本に留ま」った、のです。これも彼なりの「ワン・パーパス」（lofty aim）と言えましょう。

リベラル・アーツ

ヴォーリズは、新島の「同志」であろうとしました。それも単なる外面だけでなく、新島が抱いた「高尚な志」を共有しようと務めました。それを端的に示しているのが、「ワン・パーパス」（同志）の歌詞です。strive to live the life divine とか、The love and service of mankind とあるのが、目を引きます。つまり「気高い人生を送るように努める」こと、あるいは「人類の愛と奉仕」に献身すること、こうしたことこそ、新島やヴォーリズが共通して青年に望むところです。

さらに、新島の教育理念は、アーモスト大学《カレッジ》ゆずりのリベラル・アーツですが、ヴォーリズもそうです。出身校のコロラド大学《カレッジ》がそうでした。彼はここで一般教養を学んでから、マサチュセッツ工科大学（ＭＩＴ）あたりへ進学し、建築家になりたいと思っていました。しかし、大学在学中のある日、中国派遣の女性宣教師から海外伝道の話を聞いてからというもの、志望を変更しました。理系から哲学コースに転科したのです。

全人格教育

ヴォーリズが、建築の技術やセンスをいったいどこで養ったのか、これはそれ自体、興味あるテーマです。専門教育を受ける前のリベラル・アーツ教育の凄《すご》さを、彼の中に見出すべきでしょうね。リベラル・アーツという文言は、実に訳しにくい日本語です。一応、「知育・徳育・体育」を調和的に発展させる教育、としましょうか。この点について、あるアメリカ人教育者は次のような興味深い指摘をしています。

「初期のアメリカの大学（college）は、自分に課せられた任務が、身体（body）と知性（mind）と精神（spirit）、言いかえれば、頭脳（head）と心（heart）と手腕（hands）についての全人格教育であることに疑いを持たなかった。〔中略〕教室、礼拝堂、寮、あるいは運動場といった大学生活のあらゆる場所が、相互に関連を持ったものと考えられていた」（アーネスト・Ｌ・ボイヤー著、喜多村和之他訳『アメリカの大学・カレッジ』二〇二頁、リクルート出版、一九八八年）。

YMCA

なんだか、Spirit, Mind, Body という三つをひとつの三角形に組み入れたＹＭＣＡのシンボルマークぽいですね。ヴォーリズ自身、学生時代からＹＭＣＡの活動家であったので、この精神を同志社校歌に組み込んでいます。一番で、To train thy sons in heart and hand と歌う所が、まさにそうです。何のためか。The love and service of mankind（四番）のためです。児玉実英先生の訳詩で言えば、「神と祖国《くに》とにつくすべき　精神《こころ》と技芸《わざ》を鍛えんと」です。

これぞ、「ワン・パーパス」の真髄です。いま上映中の映画の題名を借りると「うた魂《たま》」です。ヴォーリズがわれらの校歌に込めた魂は、新島が抱いた「魂の教育」精神とまさに重なります。ナチスの戦闘魂とは、まさに対照的です。逆です。

ヴォーリズこそは、「戦争に対する嫌悪の情」を全身に充満したる丈夫《ますらお》です。ヒトラーとは完全に真逆タイプ、むしろ新島型の遺伝子の方がずっと強いですよ。

この点、同志社は滋賀県にもっと感謝すべきですよね。

（同志社大学政法会滋賀県支部総会、草津・すえひろ、二〇〇八年九月一四日）

「武士の思ひ立田の山紅葉
錦衣《き》すしてなと帰るへき」

新島襄が密出国した動機のひとつは、立身出世、すなわち「故郷に錦を飾る」ことにあった。この和歌は、新島が江戸と函館を発つ時に、それぞれ詠まれたもの。「武士《サムライ》」としての意識が強烈である。「敬幹」は新島の諱《いみな》（⑤一一。拙著『錨をあげて』一二六頁参照）。

これより十年後、アメリカから横浜に帰国する際、新島は「故郷《ふるさと》に飾る錦は匣《はこ》の中」と詠う。武士《サムライ》から信徒《クリスチャン》に変身した新島からは、立身出世の夢は、すっかり消えていた。彼は錦旗《きんき》の想いを早々と自ら封印した（拙著『元祖リベラリスト』五頁）。

おわりに

いよいよ、「新島襄を語る」シリーズも、第八巻まで来ました。退職までの二年間に、あと二巻は出すつもりです。すでに第九巻と第十巻の書名は、「内定」しています。原稿も揃いつつあります。むしろ、どれを削るか、が毎回の悩みです。

まあ、一種のうれしい悲鳴です。欲張りすぎて、ページ数が三百ページを越えました。積み残しを避けるために、あれこれと詰め込みすぎた感はあります。が、テーマが同じものは、なるべくひとつに集約しておきたい、という気持ちから、重量オーバーを厳しく取り締まることは、しませんでした。で、第一巻と比較すると、なんと増量二割以上の大サービスです。

いつものことですが、今回も貴重な画像を借用できました。画像を提供してくださった同志社大学社史資料センター、儀英夫氏、C・ハーディー三世氏、それにA・M・コビィルスキーさんにお礼を申し上げます。書籍やWebから転写させてもらったものもあります。残りは、私が現地に赴き、デジカメで撮りました。

この一年も多作でした。著作としては、新刊を合わせて四冊、出しました。七月に『ハンサムに生きる—新島襄を語る（七）—』（思文閣出版）、十月に共編『新島襄　教育宗教論集』（岩波文庫）、そして十一月に監修『(続)マンガで読む新島襄―日本初の私立大学設立への挑戦―』(株式会社コトコト)と『アメリカン・ボード二〇〇年―同志社と越後における伝道と教育活動―』(思文閣出版)といった具合です。すべて、新島がらみです。書籍のほかにも、夏に行なったヨーロッパ「新島足跡ツアア」ガイドのレポートを二編、発表しました(「ピエモンテに憩う―イタリアの新島襄―」『新島研究』一〇一、二〇一〇年二月。「ヨーロッパの新島襄」『同志社時報』一三〇、二〇一〇年一〇月)。

のんびり、ゆったり、ゆるゆると――心がけてはいるのですが、無理です。根が短気なのか、なかなかスローライフとは、行きません。本書のような講演集は、比較的に最近の講演や説教の類《たぐい》が主軸ですから、そうでもないんですが、学術書ともなると、二、三十年前の論文が、混じります。そんな旧い作品は、早く「在庫処理」しないと、賞味期限切れになってしまう、という焦りがあります。

みずから戒めてはおります―できるだけ「ゆったり感」と仲良くするように、と。新島の「追っかけ」が、逆に、新島作品に追いかけられないように注意しながら、残る著作の執筆と出版にあたります。引き続き、ご協力やご支援がいただけますよう、今いちど、お願い申し上げます。

二〇一一年四月九日

本井康博

索　引

新島襄

(1) 家族・函館出港まで（1843年から1864年）
父（民治）　108
江戸っ子　35、65
自由への憧れ（自由人）　13〜15、197
密出国（者）　13、82〜90、98、181、238、279
立身出世（錦帰）　279
サムライ（武士）　114、279
姓名　107〜109、235、279
誕生　53、54
約瑟　81
(2) 海外での10年（1864年から1874年）
アメリカの父（両親）　12、79、109、130、200、216、227、235
母校　217、220、230、260
「脱国の理由書」（Why I departed from Japan.）　117〜120、127、134、135、138、143
休学　247
ミドル・ネーム　107、108
入国　125、127、128、137、140
留学　口絵①、6、9、10、32、41、65、92、115、116、137、138、145〜152、197、200、223、227、237、240、242、247
サークル活動　232〜234
養父　5、12、15、16、30、98、107
養子　42、74、107、121、140、240
(3) 伝道・教育活動（1874年から1890年）
募金　34
牧師　64、68、72、73、78、154、155、167、174、248
智徳並行主義　19
同志社大学医学部構想　58、59
同志社大学設立（募金）運動　39、71、88、247、249、250
同志社大学設立の趣意書　197
同志社開校　38、46
同志社（大学）の創立者（創業者）　45、181
同志社（初代）社長　4、29、233
永眠　198、203
自由　11〜15、17〜21、197
自由独立人　7、9、10、17、18、197
情の人　46、49
帰国　口絵③、口絵④、6、17、52、54、68、93、249、279
キリスト教精神　56
キリスト教主義教育の英文アピール　40
祈祷文　132〜134、142、143
教派観　53、93〜100
教育者・校長　24、64、68、78、104、167、168、181、248、252
教会合同運動　19、20、53
民主主義　14
日本市民　17
二足のワラジ　156、249
リベラリスト　7、9、17、167、197
良心教育　193
説教　68、182
宣教師（準宣教師）　16、23、29、30、36、43、60、64、68、78、249、253
仕官（出仕）　150、152、240
署名　80、81、106、133、135、143
所有権　37
魂の教育　277
贈答品　口絵⑨
(4) ことば・詩歌
「美徳を以て飾りと為す」　62
「武士の思ひ立田の山紅葉」　278
Go, go, go in peace.　258
「自由教育、自治教会」　19、71
「O God !」　口絵⑥、131、142
「政府の奴隷」　18
「真の自由教会と自由教育」　166
「装飾に心を用ゆるなかれ」　63
「我が大学の空気は自由なり」　197
(5) その他
評伝・伝記・略歴　47、81
自己犠牲　49、50
自宅（新島旧邸）　73、74、95
新島遺品庫　178、180、242、273
新島記念神学館　198、200
スケート　口絵⑩
卒業式　258

A

アボット J.E. 211
アダムズ A.H. 68
アフリカン・ミーティング・ハウス 22
アフロ・アメリカン歴史博物館 17、22
アグニュー 202
アイオーン H. 121
会津藩 66、67
会津若松 63
アメリカ（人） 4〜8、16、23、25、32、35、36、52、54、55、57、59、65、71、72、75、77、80、82、87、91、94、95、97、100、105、108、111、113、115、125、131、133、140、144、149、150、153、154、156〜158、161、163、167、176、177、180、181、187、190、198、203、206、216、219〜221、230、231、239、246、249、253、259、261、263、264、271、272、274〜276、279
アメリカ大統領 206
アメリカン・ボード（A.B.C.F.M.） 口絵⑦、口絵⑪、5、10、11、16、23〜43、46、48、56、59〜61、64〜67、70、71、73、75、78、85、92、108、134、145、149、154、157、160、162、163、165、171〜175、177、184、200、204、211、212、233〜235、240、242、252、254、266
『アメリカン・ボード200年』 25、33、40、42、44、46〜50、59、61、68、77、146、200、281
アメリカ聖書協会 159
アーモスト 92、146、149、150、153、158、161、162、164、173、175、178、184、188、193、195、222、237、244
アーモスト・アカデミー 223、224
アーモスト大学（Amherst College, MA） 15、146〜149、153、154、156、157、159、163、164、170〜172、177、180、185、186、195、211、219〜234、240、245、246、252、266、275
「アーモスト大学とリベラル・アーツ教育」 220
アーモスト・フェロー 220
アーモスト館 ⇒ 同志社アーモスト館
アーモスト農科大学 ⇒ マサチュセッツ農科大学
アンダーソン R. 38、39
アンドリュー P. 132
アンドーヴァー（Andover, MA） 15、41、55、92、93、112、137、260
アンドーヴァー神学校（Andover Theological Seminary） 口絵⑩、11、15、41、52、54、65、112、149、154、200、224、227、228、230、233、239〜241、246、252
アンドーヴァー神学校教会 15
安中藩邸 13
安政五ケ国条約 66
新井明 188
青山霊園 53、87
アパラチアン・マウンティン・クラブ 口絵②
頭の教育 193
アトウッズ・ハウス博物館（Atwoods House Museum） 122
アーウィン R.W. 87

B

馬場種太郎 182、183
バーグマン E. 260
バイブル・クラス 225
幕府 66、67、88
バークシャー 221、223
万国公法 251
バーンズ B. 132
バーンズ W. 132
バード I.S. 94〜97、99
バード事件 94〜99、102
バレット体育館 186
バートレット A. 口絵⑥、12、123、125〜141、143
バートレット T. 131
バートレット夫人（Mary Barnse） 132
バートレット家 131
バートレットの両親 131
ベネット H.J. 252
弁慶 59
ベリー J.C. 44、58、59
ベルリン大学 212
ベルリン号（Berlin,the） 12、82、83、85、86、90、97
ベテル協会 132
備中松山藩 67
ビーチャー H.W. 211
ビッグ・スリー 220
ビーコンヒル 口絵①、口絵②、4〜9、12〜14、16、17、21、22、31、32、235
ビーコン通り 口絵③、口絵⑦、8〜11、16、32
ビロイト大学 266

ビスマルク　O.　262
ブラッケル　C.F.　203
ブラック・ヘリテイジ・トレイル　17、22
ブラウン　S.R.　253
ブラウニング　206
ブリガム　A.G.　79、81
ブロードウェイ　213
ブロジェット　R.H.　43
ブルフィンチ　C.　口絵③
ブルックリン　33、102〜105、198、202、206〜210、212、218
ボガート　H.　260、261
ボイトン　E.C.　110
ボイヤー　A.L.　276
戊辰戦争　66、67、69、74
ボストン　口絵①、口絵③、口絵④、4〜10、12〜14、16、17、28、31、32、37、39、40、43、52、71、73〜75、77、80、91、92、99、101、108、110、113、115〜119、121、124、125、132、134、135、137、140、141、143〜145、153、154、172、230、235、237、245、260
ボストン大学　243
ボストン・フィル　221
ボストン市立病院看護学校　59
ボストン海員の友協会　口絵④、口絵⑥、125、141
ボストン・コモン　口絵①、口絵③、8
ボストン・ティー・パーティー事件　口絵④、121
ボストニアン　110
ボンベイ　211

C

チャタム（Chatham, MA）　108、109、116、122、124
到遠館　273
知育　18、184、185、187、276
長老派　20、35、205、212、213、228、230、274
長者町通り　9
駐米公使　148
中国（人）　51、95、101、113、121、122、253、276
中国ミッション　43
『中等唱歌集』　270

DA

ダッドレー　J.E.　39、44
大学キリスト教同盟　149
大学令　254
第一教会（セイラム）　41、99
第二次世界大戦　57、77、260、275
第三高等学校　104
ダンヴァース　93、100
ダートマス大学　221、224、227、228、246、266
ダリエンゾ　D.　148
デイヴィス（J.D.Davis）　14、24、30、34、41、44〜50、54、69、72、93、171、213、250、266
デイヴィス（J.M.Davis）　48
デイヴィス　W.T.　131
デイヴィス記念講堂　45
デイヴィスのモットー　45
デフォレスト　J.H.　68、174
デフォレスト夫人　174
出町幼稚園　51、58
ディームス　M.M.　126
デントン　M.F.　44、51、54、56、57
デントン・ハウス　54
デランド　100

DO

ドイツ（人）　52、146、212、261〜263
ドイツ医学　58
「ドイツ国歌」　270
同志　274、275
同志社　4、5、7、16、23〜30、33、35〜40、42、43、48、49、54〜57、59〜61、66、67、69、72〜74、77、80、81、112、122、131、133、154、156、157、160、164、165、168〜196、199〜201、204、208、213〜217、220、228、229、235〜259、266、273〜275
同志社アーモスト館　214、215、217、220、273
同志社墓地　53
同志社病院　58、59
同志社チャペル　52、75
同志社大学　79、130、173、210、216、254、255、262
同志社大学学歌　270
同志社大学長　49、254
同志社大学人文科学研究所　27、42

同志社大学キリスト教文化センター　217
同志社大学設立運動　19
同志社大学社会学部　27
同志社大学神学部　200
同志社大学神学館　204
『同志社談叢』 56、79、148
同志社独立戦争　61
同志社英学校　39、45、153、168、175、184、258
同志社グリークラブ　236
『同志社百年史』 34
『同志社時報』 264、281
同志社女学校　27、57、175、208
『同志社女学校期報』 208
同志社女子部　216
同志社女子大学　26、54、80、209、254
同志社教会　64、70、72、73、75～78、155、182
『同志社山脈』 54、179
同志社社長　60
同志社社史資料室（センター） 79、280
同志社神学校　51
同志社総長　4、244
同志社幼稚園　51、58
ドワイト T.（カレッジ） 239、254、255
ドワイト・ホール　256
ドュランド　H.S.　263

E

海老名弾正　63、179、254
越後　25
江戸　67、279
エドワーズ　J.（カレッジ） 254、255
栄光館　57、77
エジプト　13
エクソダス　13
演武場　178、185～187、194
エリオット　C.W.　243、250
エセックス通り　101
蝦夷　95

F

フィニー　E.　132
フィラデルフィア　10、202
フィラデルフィア協会　207
フィランソロピスト　216、272
フィリップス・アカデミー　口絵⑩、15、111、112、230、237、260
フォレスト・ヒルズ霊園　124
深沢登代吉　270
福士成豊（卯之吉） 83、84、88、89、102、140、181
福島県立葵高等学校　63
福沢諭吉　188
フランス（人） 261、262
フラタニティ　231
フラートン　B.　口絵②
フレンズ　232
フリーダム・トレイル　口絵③、口絵⑦、8、16、17、21
フリント（E.Flint Jr.） 227
フロリダ　100
フルベッキ（G.F.Verbeck） 66

G

外務省　240
ガードナー　F.A.　105
学園教会　76
学芸学部　203
『元祖リベラリスト』 197、279
ガリラヤ丸　272
ギュリック　L.H.　159、160、174、177
ギュリック　O.H.　44
ギュリック　S.L.　265、269
群馬県（人） 4
グラナリー墓地　口絵⑦
グリークラブ　236、256、263、267
グリーン　D.C.　25、35、43、44、51～53、66、67、74、77
グリーン夫人　52
グリーンウッド霊園　210、218
グレイス（Grace）教会　33
グルド　G.　127
ゲインズ　M.R.　251
ゴードン　M.L.　44、54～56、68、69
ゴードン夫人　56

HA

ハーバード大学（カレッジ、神学校） 214～216、220、221、227～231、235、241、243、246、250、252、263
ハーディー（A.Hardy） 口絵③、口絵⑦、口絵⑧、5、10～12、15、16、30、32、34、38、43、74、75、78～80、92、97、98、107、108、

110、111、115～122、125～127、129、130、135、137～141、143、164、200、216、227、235、237、240、241
ハーディー夫人　130
ハーディー　A.S.　81、83、89、90、118、136
ハーディーⅢ　C.　口絵⑨、280
ハーディー商会　13、108
ハーディー・ホール　111、235、236、256
ハーディー邸　口絵①、口絵②、6、8、16、17、22、31、32
ハーディー・ワールド　15、16
排日法案　269
ハイ通り　131
函館　6、79、82～85、88～91、101、140、279
ハンクス　129
『ハンサムに生きる』 63、280
「埴生の宿」270
原田助　244、255
ハリス　J.N.　214、215
ハリス理化学館　52、214、215、217
橋口文蔵　149
ハワイ　160、163

HE

ヘボン J.C.　66
平安教会　70
平安寮　57
ヘイスタック・モニュメント　口絵⑪
「平和への祈り」 268、269
「平和の人形」 269
ヒバード　E.L.　254
日比恵子　56
ヒッチコック　157
ヒドュン（M.E.Hidden） 80、137
比叡平　79
東アジア　12
東竹屋町公会　⇒　京都第三公会
ヒルズ族　5、6
ヒトラー　A.　277
『ひとりは大切』 34、45、49
筆頭老中　66
一柳満喜子　272
一柳米来留　275

HO

ホイットニー　J.D.　172
北海道　144、184
北海道開拓の村　155、181、194
北大（北海道大学、北海道帝国大学） 168、169、191、194、196
香港　122
ホール　F.　86
ホール・ファミリー男子校　87
堀誠太郎　⇒　内藤誠太郎
干草祈祷会　163
法三章　192
ホワイト　S.S.　252
「火砲の雷」 269、270

I

市原盛宏　244
市来知伝道所　183
一致教会　20
家の教会　70、72～74、76
イェール大学　49、220、221、227、228、235～258、263、265～267
イェール大学歌集　265
イェール神学校　238、239、241
イエス　229
「イエスを信ずる者の誓約」 161
『錨をあげて』 80、113
イギリス（人） 11、23、52、59、84、89、94、96、100、163
飯謙　242
生島吉造　245
今出川公会　⇒　京都第一公会
今出川教会　⇒　洛北教会
今出川キャンパス　24、75、79、198、199、214、220、273、274
インド　41、211
イングラハム　H.A.　111
インターコンチネンタル・ボストン（ホテル）　口絵④
井上勝也　100、235
井上成美　192
「イーライ・イェール」 257
イロコイ号　67
石橋湛山　193
石塚正治　63
磯貝由太郎　245
礒英夫　口絵⑨、280
イスラエル（人） 13
イスタンブール　233
イーストハンプトン　164、173
板倉勝静　66

伊藤彌彦　7、137
岩倉使節団　17、148、186、240、247、249
岩倉具視　148、187
岩橋家　73
岩崎弥之助　87
岩崎弥太郎　87

J

GHQ　190
ジェームズ館　57
ジェーンズ（L.L.Janes）　104
尋常中学校　270
人種差別反対運動　17、22
自責の杖事件　50
自由の女神　210
ジョー（Joe）　109、110
ジョイ通り　口絵②、6、8、22
ジョージタウン　248
ジョン　109
ジョン万次郎（中浜万次郎）　121
ジョンズ・ホプキンズ大学　179、181、243
女性海員友の協会　130
ジョゼフ（Joseph）　110、135、143
ジョゼフ・彦（彦像、彦太郎）　121
定山渓　183

KA

カーブ　C.S.　265、266
「輝かしき学生時代」　263、265、266
快風丸　67
海外伝道学生奉仕団（SVM）　271
海軍　192、260
海軍兵学校　192
海軍大将　192
海員病院　127、128、137
海員ホーム　口絵④、口絵⑤、117、120、122、125～129、132～135、137、139、141、143
海員教会　135、137
改革派　35、205
開新高等学校　63
会衆派（教会）　口絵⑦、5、10、13～18、20、23、24、32、97、99、100、145～147、149、151、153～155、175、184、205、211、212、221、228～230、241、250、274
会衆派ワールド　5、10～12、15、17、21
開拓長官　155、191
開拓使　152
開拓使次官　152
開拓使札幌本庁　145、152
開陽丸　67
金森通倫　178、180、182
亀山昇　170
金持ち通り　9
寒梅館　111
カレッジ・チャーチ　⇒　学園教会
カレッジ・ソング　236、252、257、259～277
カリフォルニア　56、208、209
カリフォルニア大学　111
軽井沢（歴史民族資料館）　272
カルカッタ　41
カルヴァン主義　229
「カサブランカ」　259、261、269
「カサブランカ・ダンディー」　259
家政館　57
柏木義円　102
加藤延雄　136
川口（居留地、大阪）　28、54、66
KBS　59

KE

京浜（地方）　35、36、66
啓明館　273
慶応義塾　244
ケープコッド　108、110、124
ケーリ　O.　79
恵迪寮　169、194

KI

帰化　275
木村毅（き）　9、197
「禁酒禁煙の誓約書」　158
キリシタン高札　248
キリスト（耶蘇）　29、126
キリスト教　55、77、95、97、98、139、144、145、149、155、157、160、163、185、188、194、229、237、239、246
寄宿舎（学校）　193、194
北垣宗治　14、41、47、93、107、116、120、148、201、209、210、212、235、245
北原白秋　270
喜多村和之　276
北日本ミッション　26

KO

神戸　24、28、35、37、39、45、52、65〜68、74、86、104、160、171、174
神戸女学院　37、39、44、175
神戸ホーム　⇒　神戸女学院
神戸ステーション　29、35、36、51
コビィルスキー A.M.　210、218、280
児玉実英　271、277
小寺甲子二　181
甲賀ふじ　131
『湖畔の声』　268
国家主義　188、189
心の教育　185、193
志　274
国際法　251
コングリゲーショナリズム　⇒　会衆派
コングリゲーショナル・ハウス　口絵⑦、10、11、16、32
コングリゲーショナル図書室　11
河野仁昭　251
コネチカット（渓谷、州）　87、151、222
コロラド（Colorado）大学　265、276
小崎弘道　60、104、178、179、244

KU

工藤十郎（湯地定基）　234
クインシー通り　103
熊本バンド　48、59、69、73、104、155、169、170、175、177〜179、183、184、194、225、243
熊本女学校　63
熊本洋学校　70、155
組合教会　18、20、63、155、177
クーパースタウン　206
クラーク　B.S.　168、198〜218
クラーク　H.S.　208
クラーク　N.G.　32、33、38、39、71、200、201
クラーク　W.S.　144〜165、168〜185、187、188、191〜196、198
クラーク・チャペル　42、200〜202
クラーク（B.S.）の妹（カメリア）　211
クラーク（B.S.）の両親　198、199、201、202、204、207〜209、218
クラーク（W.S.）夫人（ハリエット）　161、163〜165、173
クラーク（W.S.）の妹（イサベラ）　174
クラーク・ホール　196
クラーク会館　168
クラーク（B.S.）家　33、210
クラーク記念館　24、33、42、52、77、168、195、196、198〜218
クラーク神学館⇒　クラーク記念館
クラップ　F.B.　56
クリオソフィック協会　206
クローバー・ホール　111
黒田清隆　152、155、156、191
キャビン・ボーイ　113

KYO

兄弟団　234
教会合同運動　19、20、53
京田辺キャンパス　45、48、256
京都（市・府）　4、9、17、25、28〜31、36、37、39、40、43、45、52、55、58、59、67、69、72、74、96、104、144、153、165、169、170、172、174、177、178、195、196、243、271、274
京都中学校　164
京都第一公会　50、70、72
京都第二公会　70、73〜76、78
京都第三公会　70、73
京都府庁　9
京都府顧問　69
京都府農牧学校　180
京都御苑　9、59
京都博覧会　55
京都ホーム　39、46、57
京都看病婦学校　58〜60
『京都のキリスト教』　68、69、71
京都ステーション　29、30、37、39、40、72
京都タワー　5、31
京都 YMCA　265
教養学部　190、191
旧約聖書　32

L

「ラ・マルセイエーズ」　261
ラーネッド（D.W.Learned）　25、27、44〜46、48〜51、61、70、72、164、165、171、172、238、241、245、250〜255、266
ラーネッド記念図書館　48、256
ラーネッドの父　250、256
ラーネッドの母　173

ラーネッドのモットー　48
ラーネッドの叔父　251、255
ランデス　H.M.　212、213
ランマン　C.　248
レヴィット　H.H.　44

MA

マーブルヘッド　93
まちの教会　76
マイヤーズ　209
マッキーン　P.F.　116、121、122
槇村正直　70
牧野虎次　244
マクリーン幼稚園　58
『マンガで読む新島襄』　281
マサチュセッツ工科大学（MIT）　276
マサチュセッツ農科大学　145～150、153、154、156、162、172、173、178、186、195、196
マサチュセッツ州　口絵⑥、4、23、31、32、41、82、83、122、124、129、221
マサチュセッツ州第五十四連隊　22
マサチュセッツ州立大学（UMASS）　146、196
松平容保　67
マウント・ホリヨーク・セミナリー（カレッジ）　148、149、175

ME

メイフラワー号（Mayflower,the）　99
明治学院（記念館）　212
明治維新　67、87
メンソレータム　272
メレル（米来留）　275
メリー　E.　132

MI

民主主義　14、188、189
ミルズ　S.J.　口絵⑪
ミシガン大学　263
ミッショナリー・バンド　146、231～234
三菱　88
宮川経輝　179、182

MO

百瀬弘　253
文部大臣　150
文部理事官　17、148、247
モンソン・アカデミー　239、253
森有礼　18、55、148～151、255
森田久萬人　244
モロッコ　259、261
モールス（モース）E.S.　101
元浦河教会　155
元良勇次郎　243
ムア　Z.S.　221～226、231

N

ナチス　261～263、266
長崎　66、82、85、86、90～92
永沢嘉巳男　110
ナイチンゲール　F.　59
内藤誠太郎　149
中江汪　183
中島力造　243
中川横太郎　58
南北戦争　口絵③、22、48、128
「夏の彼女」　265
日米戦争　275
日銀総裁　241、253
日露戦争　267
日本キリスト教団　51、68、74
日本ミッション　26、33、54
『日本における未踏の地』　94
新潟　26、57
新潟女学校　57
『新島研究』　口絵⑨、107、281
『新島襄　教育宗教論集』　64、197、280
『新島襄の交遊』　64
『新島襄と建学精神』　135
新島八重　63、101、110
ニイシマ・ルーム　79
ニコルス母子　214
西郁辰三郎　267
日清戦争　270
新渡戸稲造　174、179、180、184
ニューヘイブン　237、238
ニューイングランド　9～13、15、144、145、148、150、167、185、190、197、211、237、248
ニューイングランド神学　254
ニュージャージー州　202、211
ニューヨーク（州、市）　6、100、102、128、198、202、206～208、210、213、218、221、

237
ニューヨーク市立大学　210
『ニューヨーク・タイムズ』　202、208
根岸橘三郎　83、102
ネルソン　W.　132
ノースロップ　B.G.　151
ノストランド通り　206
ノーザンプトン　222
若王子（山）　53

O

オベリン大学　228
岡山病院　58
岡山県　58
オハイオ号　129
オハラ（小原）　253
大江高等学校　63
大原令之助　239、253
大蔵省　241
大宮季貞　51
大阪　28、36、37、52、54、58、65、66、68、69、104、174、271
大阪教会　68、182
大阪ステーション　29、36、52、68
大島正満　152、176
大島正健　151、157、176、180〜183、193
太田雄三　118〜120、139、171
大津市　79
大山綱夫　145
オリヴァー通り　141
オールド・サウス教会（アンドーヴァー）　15、112
オールド・サウス教会（ボストン）　15
オールズ　C.B.　45
近江　271
近江兄弟社（学園）　267、272
近江八幡　257、264、271
近江ミッション　273
お雇い外国人　28
小澤征爾　221

P

パーチェス通り　口絵④、117、141
パ‐ク　E.　11
パサデナ　208〜210
ペンバートン広場　10
ピアソン　G.W.　239
ピリグリム・ファーザーズ（Pilgrim Fathers, the）　11、167
プリマス（Plymouth, MA）　口絵⑥、93、99、131、132
プリンストン（大学、神学校、マッド図書館）　202〜207、212、213、220、224、228、230
プロテスタント　4、10、14、20、70、74、195
ポーター（A.P.Porter）　89
ポーター　N.（兄）　236〜238、241〜244、247、249〜251、255
ポーター　N.（弟）　242
ポーター　243
ポーター商会　89
ピューリタン　11、167、246

R

ラビット・ポンド　口絵⑩、260、261
ラビット・ロック　口絵⑩
ライン川　262
ラインの危機　262
「ラインの守り」　261〜263、266、267、269、270
洛北教会　51
洛陽教会　74、75
ラングメイド　101
ラーソン　129
ラットランド（Rutland, Vt.）　33、36
霊南坂教会　178
リチャーズ　J.　口絵⑪
リチャーズ　L.　44、59
リベラル・アーツ教育（liberal arts）　18、154、184、186、187、189〜193、195、196、203、219〜221、226、228、246、247、250、265、275、276
リフォーム・クラブ　161
陸軍　192
陸上競技　187
リトル・スリー　220
リューマチ　241
リヴァイヴァル　232
リヴァプール　100
ロバート大学　233
『ロビンソン・クルーソー』　135、136
ロンバード　F.　266
ロンドン　94
ロンドン宣教協会　23
ロサンゼルス　210
ロウ　H.K.　228

領事　85～88

SA

サージャント　129
坂本清音　26、27、39、56、209
サマセット通り　11
サミット　211
讃美歌（賛美歌）　268
サンドイッチ諸島　⇒　ハワイ
三位一体論　100、229
佐野安仁　268
札幌　149～151、153、155～163、165、168、169、172、175、176、179、182、183、185～191、195、196
札幌バンド　155、159、169、175～184、194
札幌独立基督教会　178
札幌教会　178、180、182、183
札幌農学校　145、146、149～151、153～156、159、160、168～196
佐々木伸尚　268
佐藤昌介　177、179、181、182
佐藤幸雄　187
里美義　269、270
薩摩（藩）　234、238、241
サウス・ハドレー　148、175
沢辺数馬（啄磨）　140
沢田研二　259
沢山雄之助　245

SE

セイント・マークス通り　206～208
セイラム（Salem, MA）　41、80、82、83、91～94、97、100、101、103
セイラム通り　137
セイロン　163
聖書　156、159～161、174、188
聖書からの引用：
　出エジプト記　20章　156
　マタイによる福音書　23:11　47
　マルコによる福音書　9:35　47、2:22　76
セイヴォリー（W.T.Savory）　12、41、79～106、108、140
セイヴォリー夫人　101
静和館　57
仙台　26
専門学校令　254、255
『千里の志』　49、122、135
占領軍（司令部）　77、190
セントラル・ステーション（セイラム）　101
摂津第二公会　68
上海　12、13、83、84、90、91、109、112、113、124

SHI

シアーズ・ビル　127
シアーズ　J.M.　74、75
滋賀県　79、257、264、271、273、274、277
滋賀県立商業学校（八幡商業高等学校）　271
進駐軍　77
新烏丸公会　⇒　京都第二公会
下鴨　9
『失敗者の伝記』　272
シーリー　J.H.　148、172、227
修法ケ原墓地　86
彰栄館　52
シュネッケンバーガー　M.　262
修身学（修心学）　185
相愛幼稚園　56
早慶戦　219
州議会議事堂　⇒　ステートハウス

SU

菅沼精一郎　140
スタークウェザー　A.J.　39、57
スタンフォード　A.W.　204、251、252
杉井六郎　244
ステートハウス　口絵①～④、5、6、8、22、31、110、145

TA

タバナックル教会　41
太平洋　159
太平洋戦争　189
太平洋の架け橋　184
体育　184～187、195、276
タイタニック号遭難事件　214
高崎五六　58
竹中正夫　51、255
竹崎順子　63
魂の教育　217、219
『魂の指定席』　口絵⑪、47、50、107、163、234
多磨霊園　192

ターナー　K.　205、207
田中不二麿　17、148、247～249
田中智子　27
種子島綱輔　238
タルカット　E.　39、44

TE

帝大⇒　東京大学
テイラー　E.　112
テイラー（H.S.Taylor）　12、83、84、86、89～91、93、101、103、107～121、124、125、137、139、140
テイラー　J.L.　112
テイラー　S.H.　111
テイラー　W.　112
テイラー（H.S.）夫人　100
テイラー・ハウス　112
テイラー・ホール　111、112
テニー P.J.　132
天皇　66
天子　28
寺町通り　73、75
寺島宗則　55

TO

鳥羽・伏見の戦い　66
時計台（札幌）　185、186、194、196
特高　57
徳川慶喜　66、67
徳富久子　63
徳富猪一郎（蘇峰）　63、167、171
東京　53、65、105、180、189、212、271
東京大学（東大）　58、101、188～191、243、244
東京音楽学校（東京芸術大学）　270
東京聖イグナチオ教会　87
東京 YMCA　271
東条英機　192
登録有形文化財　273
徳育　184～187、217、276
トーマス・ウォルシュ商会　82、83、85～88、91
トム　109
トリニテリアン　229、230、243
トルコ　33、38、40、200、233
ツチノコ　144
津田仙　152
津田梅子　248
筑紫　270

U

内田瀞　177、178、181
内村鑑三　158、159、161、163、174、180、188、190
ウエブスター　N.　223
ウエブスター辞書　223
ウエストボロ　137
ウエズリアン　220
「ウッフェンプーフス　オブ　2009」 236
ウィキペディア　151
ウィリアムズ大学　口絵⑪、163、219～234、246
ウィリアムズタウン　221
ウィリストン　S.　164、173
ウィリストン・ホール　164、173
ウィリストン・セミナリー　164、173
ウイルヘルム　K.　262、264
ウィルキー　F.　82、89、90
ウィルソン　W.　206、207
ウィザースプーン・ホール　206
宇治野英語学校　45
浮田和民　244
ウーマンズ・ボード　39、254
梅本町教会　68
ウォルシュ　J.　86～88
ウォルシュ　T.　86
ウォシュバーン　G.　232、234
ウォーター通り　101
ウールジィ　T.W.　251、255、256
ウールジィ・ホール　256
ウースター　S.　41

V

ヴァーモント州　221
ヴィクター　A.　132
ヴォーリズ（W.M.Vories）　236、252、257、264～277

W

和田洋一　91、248
ワイドナー母子　215
ワイドナー記念図書館　214～217
YMCA　271、277

ワイルド・ローヴァー号（Wild Rover, the）
12、83、84、91、108、111〜113、117、122、124
「ワン・パーパス」 259、262、263、266〜270、273、275、277
早稲田（大学） 244
ワシントン 248
ワスプ（WASP） 4、17
渡瀬寅次郎 180

YA

矢嶋楫子 63
山田耕作 270
山口家 87
山路愛山 136
山本五十六 192
山本覚馬 45、55、66、67、69、74
矢内原忠雄 153、188〜191
山崎為徳 245〜247

YO

余科 175
容閎 253
横浜 4、35、36、52、65、66、105、159、169、174、253、279
横浜バンド 195
横井時雄 60、179、244
ヨーロッパ 6、190、261、268、281
ヨーロッパ新島足跡ツアー 281
ヨセフ（Joseph） 109
吉田彦麿 239
吉田清成 151
吉田亮 27
吉原重俊 238、240、251、253
湯浅八郎 4
湯地定基 ⇒ 工藤十郎
遊戯会 187
ユニオン霊園 124
ユニテリアン 41、93、99、100、227、229〜231、243
ユーマス（UMASS）⇒ マサチュセッツ州立大学
ユリ 259
有終館 52

Z

全人（全人格）教育 187、191、276
ゼール R. 212

著者紹介

本井康博（もとい・やすひろ）

同志社大学神学部教授（1942年生）。神学博士。

専攻は日本プロテスタント史、とくに新島襄ならびに同志社史。『新島襄と徳富蘇峰』（晃洋書房、2002年）、『新島襄の交遊』（思文閣出版、2005年）、『新島襄と建学精神』（同志社大学出版部、2005年）、同志社編『新島襄の手紙』（共編、岩波文庫、2005年）、同志社編『新島襄　教育宗教論集』（同上、2010年）などを出版。

現在、「新島襄を語るシリーズ」全10巻を刊行中。

ビーコンヒルの小径《こみち》　新島襄《にいじまじょう》を語《かた》る（八）

2011年5月4日発行

定価：本体1,900円（税別）

著　者　本井康博
発行者　田中周二
発行所　株式会社思文閣出版
606-8203　京都市左京区田中関田町2-7
電話　075-751-1781（代表）

印　刷
製　本　株式会社 図書印刷 同朋舎

ISBN978-4-7842-1576-8 C1016